中国の皇帝・武則天に
日本を認めさせた至宝の外交官

粟田真人

安田権寧

第一章

古代中国と東夷（倭）との間には豊かな交流があった

日本は、東夷と言われた時代から、倭、日本に至るまで中国歴代王朝と交流してきた。

殷の時代から交流してきた可能性もあるが、記録としては周の時代から残っている。

戦国時代から前漢初期までの儒教経典・四書五経（四書（論語、大学、中庸、孟子）、五経（易経、詩経、書経、礼記、春秋））中の礼学関係の文献をまとめた礼記《らいき》には、東夷（倭）は、紀元前一〇〇〇年の周の成王のころ「樂」を奉献していた、との記録が残っている。

殷の紂王を倒して、周朝を建てた武王（殷周革命）の子で第二代王・成王は、叔父（武王の弟）周公旦（魯の開祖）が、武王の死後幼い成王を「摂政」し、成人後は佐治天下《さじてんか》（天下を治めることを佐《たす》ける）して補佐した（周公の治）ことに感謝し、周公旦を「天子の礼」で祀った。その天子の礼という周朝最高の公の儀式の場で、周公旦の大廟に、東夷（倭）が「昧《まい》（舞）」を奉納したのだ。

「味《まい》は東夷之樂（楽舞）であり、任は南蠻の樂（楽舞）である。夷蠻の樂を大廟に納め、天下に魯を広く伝える。」と礼記《らいき》に記録されている。

「樂」とは、「奏でる。演奏する。音曲。音樂。」という意を有するが、前記から「音曲」だけでなく「舞」も含んだものと考えられる。

　また、孔子（孔子の時代：紀元前五五二年〜四七九年頃）は、論語・子罕《しかん》（子罕言利與命與仁。子（孔子）罕《まれ》れに利を言う、命と與《とも》にし、仁と與《とも》にす。）第九・十四に次のような倭と思われる記載をしている。

子（孔子）、九夷に居《お》らんと欲す。或るひと曰く、陋《ろう》なり。之を如何《いかん》せんと。子曰く、君子之《これ》に居《きょ》す。何の陋か之有らんと。

　孔子が（道義の廃れた中国を厭うて）九夷（中国の東方にあると考えた九つの国。）に住みたいと言った。ある人が、九夷は陋《ろう》（場所が狭い。）だが如何《いかが》でしょうかと言うと、孔子は、君子が居るところなのだから、陋《ろう》と問題にすることはないと曰った。

　後漢書の巻八十五・東夷列傳第七十五には、次のような記載がある。

儒教の経典「礼記《らいき》」「王制篇《おうせいへん》」に、東方を夷と曰う。夷は、柢《てい》（木のね。ねもと。物事のもと。ねざす。もと（基）づく。）なり。言は仁（他者への情愛）があり、好生（情け深い。）である。萬物の柢地にして萬物が（生まれ）出る。故に天性は柔順にして、道をもって御し易く、君子有るに至り、不死の国である。夷に九種あり。畎夷《けんい》・於夷《おい》・方夷《ほうい》・黄夷《こうい》・白夷《はくい》・赤夷《せきい》・玄夷《げんい》・風夷《ふうい》・陽夷《ようい》と曰う。故に孔子は九夷に居らんと欲する也。

論語の公冶長《こうやちょう》第五之七に次のような記載がある。

子曰く、道行なわれず、桴《いかだ》に乗りて海に浮ばん。我に従う者は其れ由《ゆう》（子路のこと）かと。子路之を聞きて喜ぶ。子曰く、由や勇を好むこと我に過たり。材《ざい》を取る所無なし。

孔子が、「中国では道義が行われない。小形の桴《いかだ》に乗って、海外に行ってしまいたいが、（その時に）私について来る者は由《ゆう》（子路）だ。」と曰った。子路がこれを聞いて喜んだ。孔子は、「由は、勇気を愛する点では私以上だが、桴《いかだ》の材料となる材木を得るところまでには達していない。」と曰った。

孔子は、東夷（倭）について、万物の根幹であり、万物が生まれ出るところ、君子が居するところであり不老不死の国であると絶賛している。孔子の時代には、東夷は君子の国、不老不死の国であるとの認識が出来上がっている。孔子の時代には周朝と東夷の間には交流があったと判断せざるを得ない。

秦の始皇帝は、儒家の徳治による統治ではなく、法家の厳格な法という定まった基準によって国家を治める立場を採ったが、孔子の儒教の教養はあり、東夷には「君子が居り、不死の国である。」という孔子の記録は知っていた。この認識が秦の始皇帝の時の徐福《じょふく》（徐市《じょふつ》）の渡海につながってくる。

孔子の次に、司馬遷は、史記で、東夷（倭）について、徐市《じょふつ》が、「東の海の中に仙人がいる蓬萊《ほうらい》、方丈《ほうじょう》、瀛洲《えいしゅう》という三神山があり、不老不死の仙薬を探したい。」と秦の始皇帝に上書したが、東夷（倭）を、神仙の住むというところである、と好意的に記述している。

司馬遷は徐福が東方の海に向けて出港したおよそ五〇年後に生まれた史家であるが、父親の司馬談《しばたん》も（前）漢第七代皇帝・武帝の時の紀元前一四〇年に太史令（天文、暦法、祭祀、国家文書の起草、典籍、歴史を司る太史寮の長官）に任じられており、始皇帝や徐福とはほぼ同時代人とも言える。

司馬遷の史記　第六巻　秦始皇本記

秦始皇帝は、秦・荘襄《そうじょう》王の子である。荘襄王が秦の為に趙に於《お》いて質子《ちし》（人質）となっている時に、呂不韋《りょふい》の姫を見て悦《よろこ》んで之を取りて、始皇（帝）を生む。秦・昭王四八年正月に趙の邯鄲《かんたん》で生まれ、生に及んで名を政と為す。姓は趙氏。年一三歳の時に荘襄王が死し、政を代わりに立て秦王と為す。〜

始皇帝二八年（紀元前二一〇年）〜斉の人、徐市《じょふつ》等は、上書（お願い）して言った、「（東の）海中に三神山があり、名を蓬莱《ほうらい》・方丈《ほうじょう》・瀛洲《えいしゅう》という。仙人が之《ここ》に居ます。（始皇帝には）斎戒して頂き、若い男女を集めていただきたい。」と。是《ここ》に於《お》いて徐市《じょふつ》を童男女数千人とともに出発させ、海の向こうの仙人を探させた。

始皇帝三五年（紀元前二〇三年）〜徐市《じょふつ》等の費用は巨万を計（数）える。しかしついに薬を得ることができず、徒らに不当な利益を得ているだけではないかという告発が聞こえる。

始皇三七年（紀元前二〇一年）（始皇帝の没年）〜方士（道士）・徐市《じょふつ》らは神薬を求めて海に入ったが、数年たっても得ることができなかった。費用は多額だった。（徐市は）咎《とが》めを恐れ詐《うそ》を言った。「蓬莱の薬は得ることができますが、常に大鮫魚が苦しめるため（仙人のいる所に）着くことができません。射撃の名手を伴わせていただきたく願います。見つけたら則《すぐ》に連弩（大弓矢）でこれを射ます。」と。

始皇帝は人の形をした海神と戦う夢をみた。夢占いの博士に尋ねると「水神はこれを見ることができません。大魚、蛟龍がその候《きざし》です。王様は神々に祈って祭り、慎まれているので悪神を除去すべきです。そうすることで善神を招くことができます。」と答えた。そこで入海者（である徐市ら）に、「巨魚を捕らえる道具を持ってゆき、連弩で大魚が出れば射るように。」と命令した。琅邪《ろうや》自り北に栄成山に至るも見つけること弗《な》し。之罘《しふ》に至り巨魚を見つけ一魚を射殺した。遂に並んで海西の平原（広い平野）がある津《みなと》に至って病になった。

司馬遷の『史記』巻百十八「淮南衡山《わいなんこうざん》列伝」では、徐福について次のような記録がある。

又、徐福を使って海に入り神異物を求めさせた。還って偽りの辭（報告）を為して曰く、「臣は海中に大神を見ました。大神が言って曰く、『汝は西の皇帝の使いか？』と。臣は答えて曰く、『然り。』と。大神が『汝は何を求めているのか？』と聞いてきた。臣は曰く、『延年益壽《えんねんえきじゅ》（皇帝の不老不死を保つ）のための藥を請い願っております。』と。神曰く、『汝が秦王の禮が薄いので藥を取得できないと觀《み》える。即ち臣を従えて東南の蓬萊山に至り、（霊）芝で成る宮闕《きゅうけつ》を見ることができる。銅色にして龍形の使いが有り、光が上天を照らす。』と。是に於て臣・再拜して問うて曰く、『宜しく何を資《たすけ》として以て獻ずれば良いですか？』と。海神曰く、『名（家）の男子と若い振（勢い）のある女と、百工（多くの技術者）に

（命）令すれば、即《す》ぐに之を得ることができる。』」と。秦・（始）皇帝は大いに説《よろ》（悦）こび、振（勢いのある若い）男女三千人を遣はし、之に五穀の種もみと百工を資して行かせん。徐福は平原廣澤（広い平野と湿地）を得て、王に止まりて來らず。是に於いて人々は悲しみ痛み、反乱を為そうと欲した者は十家中六家にもなった。

日本に文字が伝わった時期

班固の（前）漢書に、「樂浪海中に倭人有り、分れて百余国を為す。歳時ごとに來たりて献見する。」との記録があり、（後）漢書・東夷列傳に、「倭には、凡《およ》そ百余国あり、（前漢）の武帝が朝鮮を滅して自《よ》り、三十許《ばか》りの国が漢に使驛（駅）を通じる（使節団を送って互いに交流する）。国皆な王を称す。」との記録があるので、倭は周朝初期から孔子の時代、前漢時代を通じて交流があり、文字・言葉・文化を解していたと判断せざるを得ない。

秦・始皇帝が統一した貨幣・半両銭が三重県熊野市波田須《はだす》から出土し、佐賀県の吉野ヶ里遺跡から紀元前一世紀の前漢時代の青銅鏡や新の貨幣・貨泉《かせん》が出土している。

さらに、福岡県志摩町御床松原遺跡・新町遺跡から前漢時代の青銅製の貨幣・半両銭と五銖銭と（前）漢を滅ぼした王莽の新の時代に鋳造された青銅製貨幣・貨泉が出土し、山口県下関市武久浜墳墓群からは前漢時代の青銅製貨幣半両銭と新の貨泉、山口県宇部市沖之山遺跡からは前漢時代の青銅製貨幣半両銭一七枚と五銖銭七八枚出土し、福岡県大野城市の仲島遺跡・長崎県長崎市城栄町の護国神社社殿・大阪府船橋遺跡からは新の青銅製貨幣・貨布《かふ》、長崎県長崎市城栄町の護国神社社殿、大阪府船橋遺跡、長崎県壱岐市原の辻遺跡からは、前漢時代の五銖銭、新の貨幣・貨泉の他大泉五十銭が出土し、福岡市大塚遺跡、広島県福山市、岡山県岡山市高塚遺跡、兵庫県淡路島、大阪府貝塚市等西日本各地からも新の貨幣・貨泉が出土している。

秦、(前)漢時代の貨幣・半両銭に「半」「両」、(前)漢・武帝時代の五銖銭に「五」と「銖」の文字が刻印され、新の貨幣・貨泉に「貨」と「泉」の文字、大泉五十銭に「大」「泉」「五」「十」の文字が刻印されている。

前漢、新との貨幣を使用した商取引にも使用された可能性が高い。

福岡県飯塚市の不弥国の王墓・立岩遺跡の甕棺から前漢時代の青銅鏡が一〇面出土し、福岡県朝倉郡筑前町の奴国の王墓・東小田峯《ひがしおだみね》遺跡の甕棺からは前漢時代の青銅鏡が二面(内行花文清白鏡、内行花文日光清白鏡)出土、福岡県春日市の奴国の王墓・須玖岡本遺跡の甕棺からは三〇面前後の前漢中期の青銅鏡(草葉紋鏡・花弁紋鏡・星雲鏡九面と二〇面以上の異体字銘帯鏡が出土、福岡県糸島市の伊都国の王墓・三雲南小路《みくもみなみしょうじ》王墓一号棺から三五面、二号棺からは二二面、井原鑓溝《いはらやりみぞ》王墓から二一面の前漢青銅鏡、平原《ひらばる》王墓からは四〇面の後漢鏡が出土、佐賀県唐津市の末盧国の王墓・桜馬場遺跡からは後漢時代の素縁方格規矩《ほうかくきく》四神鏡（上大山見神人食玉英飲澧泉駕交龍乗浮雲長宜官の銘文あり。下記福岡県平原遺跡尚方鏡参照。）、流雲文縁方格規矩四神鏡及び素文縁方格規矩四神鏡が二面出土し、糸島市の伊都国の潤《うるう》地頭給《じとうきゅう》遺跡と佐賀県唐津市の末盧《まつろ》国の中原遺跡、福岡県筑前町の東小田峯遺跡、福岡県行橋市の下稗田《しもひえだ》遺跡からは弥生中期後半（前二世紀後半）の墨をすりつぶす研石《けんせき》（すずり）が出土している。（西日本各地で紀元前一世紀ごろの硯が出土している。）文字を解し、文字を書いていた証左になる。

（前）漢時代の青銅鏡の銘文

福岡県飯塚市　立岩遺跡甕棺出土　出典：飯塚市歴史資料館　提供。銘文については、飯塚市歴史資料館資料より編集引用。

連弧文「日有喜（ひゆうき）」銘鏡（一号鏡）白銅質。銘文は、この世の無事息災、不老長寿を祈る吉祥の銘。

銘文

日有喜月有富　樂毋事常得意　美人會竽瑟侍　賈市程萬物平　老復丁死復生　醉不知醒旦星

釈文

日に喜びあり、月に富あり。／事毋《な》き（無事であること）を樂しみ、常に得意（意を得）。／美人會して、竽瑟《うしつ》侍《じ》す。／賈市《こし》（市場　市場の価格）程々にして（市場の価格が安定していて）、万物平らかなり（世の中は平穏である）。／老いても丁に復し、死も生に復す。／醉《よ》いては知らず、旦星《たんせい》（明け方）に醒《さ》む（酔いから目が覚める）。

「得意」　望みがかない満足していること。「美人」　男性に対して用いる際は、常に敬慕する君主。探し求めている理想の君主。賢人。才徳ある人。友人。「竽瑟《うしつ》」　竹製の竽《う》と木製の瑟《しつ》。戦国時代より漢代にかけて使用された楽器。「侍」　はべる。「老」　六一歳から六五歳までの男子。「丁」　成人男子のこと。二一歳から六〇歳までの男子。

重圏「精白」銘鏡（二号鏡）白銅質。銘文は、屈原の「楚辞」から、屈原の失意の心境を託し追悼。屈原の、愛国の情、忠誠心を称揚する銘を刻印。

外銘帯銘文

絜精白而事君　惌沄驩之弇明　伋玄錫之澤流　恐疏遠而日忘　懐糜美之窮噎　外承驩之可兑　思窔佻

之令京　願永思而毋絶

外銘帯釈文

精白を潔くして、君に事《つか》えしも、／驩《かん》を汯《ふさ》がれ、明を弇《おおわれ》るを惌《うら》む／玄錫《げんし》の流澤《りゅうたく》を伋《きゅう》（被？）し（磨き上げられた錫がもたらす輝く輝きをまとって）、／疎遠にして、日に忘らるるを恐る。／靡美《うるわしき》の窮《ひそか》な咥《わら》いを懐《した》い、／承驩《しょうかん》の兑《よろこ》（説）ぶべきを外にし、／窔恌《たおやか》なる令京（靈京）を慕う。／願わくは永えに思いて絶ゆる毋《な》らんことを。

内銘帯銘文

内清質以昭明　光煇象夫日月　心忽揚而願忠　然壅塞而不泄

内銘帯釈文

内は清質にして以て昭明なり。／光煇は夫《か》の日月《じつげつ》に象《に》たり。／心は忽ち揚がりて忠を願う。／然れども壅塞《ようそく》して泄《とお》らず。

「精白」　まざりものがなく白いこと。「驩」　音　かん　よろこぶ・よろこび。「弇」　おおう。「伋」　音

きゅう　きびしい。「被」る　かぶる　全体をすっぽり覆う。「玄」　くろ。くろい色。天。天の色。奥深く、深遠であるさま。また、そのような道理やおもむき。老荘の説いた哲理。形も神仙も何も無く、空間・時間を超越して存在し、天地万象の根源となるもの。「穈」　音　び。　かゆ・ただれる・ほろびる・ついやす。「窔」　音　よう　部屋の南東の角。細く奥深い。幽靜深遠。「佻」　音　ちょうかる（い）。かるがる（しい）。あさはか。思慮が浅い。愚か。ぬすむ。こっそりとぬすむ。「窈窕」　美しく上品で奥ゆかしいこと。女性だけでなく男性についても言う。山水などの奥深いさま。「令京（靈京）」　日光。「清質」　清らかな性質。「昭明」　あきらかなこと。「象」　かたち。すがた。ようす。ありさま。かたどる。なぞらえる。「壅塞」　ふさぐ。「泄」　もれる。もらす。

重圏「清白」銘鏡（三号鏡）銘文は、二号鏡と同じく、屈原の、失意の心境を託し追悼。屈原の、愛国の情、忠誠心を称揚。

外銘帯銘文

絜清白而事君　窓沄驩之弇明　伋玄錫之流澤　忘疏遠而日忘　懐穈美之窮噎　外承驩之可説　思窔佻之靈京　願永思而毋絶

外銘帯釈文

清白を潔《きよ》くして、君に事《つか》えしも、／驩《かん》を沄《ふさ》がれ、明を弇《おお》われるを怨《うら》む。／玄錫《げんしゃく》の流澤《りゅうたく》を伋《きゅう》し（磨き上げられた錫がもたらす輝く輝きをまとって）、／疎遠にして、日に忘らるるを忘（恐）る。／糜《うるわし》美《き》の窮《ひそか》なる嗤《わら》いを懐《おも》い、／承驩《しょうけん》の説《よろこ》ぶべきを外《ほか》にし、／窔《たお》恌《やか》なる靈京《けい》（景）を慕う。／願わくは永えに思いて絶ゆる毋《な》からんことを。

「清白」　品行などがきよく汚れがないこと。潔白。潔　きよい。

内銘帯銘文

内清質以昭明　光輝象夫日月　心忽揚而願忠　然壅塞而不泄

内銘帯釈文

内は清質にして以て昭明なり。／光輝《こうき》は夫《か》の日月《じつげつ》に象《に》たり。／心は忽《たちま》ち揚《あが》りて忠を願う。／然れども壅塞《ようそく》して泄《とお》らず。

「昭明」　あきらかなさま、はっきりするさま。

連弧文「日有喜（ひゆうき）」銘鏡（四号鏡）一号鏡と同内容。

連弧文「清白」銘鏡（五号鏡）白銅質。銘文は、二号鏡と同じく、屈原の、失意の心境を託し追悼。屈原の、愛国の情、忠誠心を称揚。

銘文

絜清白而事君　惌沄志驩之弇明　之玄錫之流澤　恐疏遠而日忘　懷糜美之窮噎　外承驩之可説　慕窔佻之令京　願兮永思而毋絶　清光哉宜佳人

釈文

清白を潔くして、君に事《つか》えしも、／驩《かん》を沄《ふさ》がれ、明を弇《おお》われるを惌《うら》む。／玄錫《げんし》の流澤《りゅうたく》を伋《きゅう》し、／疎遠にして、日に忘らるるを恐る。／糜美《うるわしき》の窮《ひそか》な噎《わら》いを懐《した》い、／承驩《しょうかん》の説《よろこ》ぶべきを外にし、／窔佻《たおやか》なる令京（靈景）を慕う。／願わくは永《とこしえ》に思いて絶《た》ゆる毋《なか》らんことを。／清光なるかな、佳人に宜し。

重圏「姚皎（ようこう）」銘鏡（六号鏡）白銅質。銘文は、二号鏡と同じく、屈原の、失意の心境を託し追悼。屈原の、愛国の情、忠誠心を称揚。

外銘帯銘文

姚皎光而燿美　挾佳都而承間　懐驩察而惟予　愛存神而不遷　得乎竝執而不衰　清照折而付君

外銘帯釈文

姚皎《ようこう》として光《かがや》き燿美なり。／佳都《よきみやこ》を挟んで間を承く。／驩察《かんさつ》を懐《した》いて予《おのれ》のみなるを惟《おも》う。／存神を愛して遷らず。／竝《なら》（並）んで執《と》ることを得て衰えず。／清《きよ》らかに照りかがやいて晢《あきらか》にして君に付す。

内銘帯銘文

内清質以昭明　光煇象夫日月　心忽揚而願忠　然壅塞而不泄

内銘帯釈文

内は清質にして以て昭明なり。／光煇《こうき》は夫《か》の日月《じつげつ》に象《に》たり。／心は忽《たちまち》に揚《あが》りて忠を願う。／然れども壅塞《ようそく》して泄《とお》らず。

「姚」　うつくしい。みめよい。「皎」　しろい。白く光る。あかるい。きよい。「燿」　かがやく。かがやき。ひかる。ひかり。
「驩」音　かん　よろこぶ。「察」　あきらか。あきらかにする。よくみる。くわしく調べる。「存神」　聖人が長く存在するところでは、その感化は神明のごとくである。聖人の徳の高いのを称えたことば。
重圏「昭明」銘鏡（七号鏡）銘文は、二号鏡と同じく、屈原の、失意の心境を託し追悼。屈原の、愛国の情、忠誠心を称揚。

銘文

内清質以昭明　光煇象而夫日月　心忽揚而願忠　然壅塞而不泄

釈文

内は清質にして以て昭明なり。／光煇《こうき》（こうき）は夫《か》の日月《じつげつ》に象《に》たり。／心は忽《たちまち》に揚《あが》りて忠を願う。／然れども壅塞《ようそく》して泄《とお》らず。

連弧文「精白」銘鏡（八号鏡）銘文は、二号鏡と同じく、屈原の、失意の心境を託し追悼。屈原の、愛国の情、忠誠心を称揚。

銘文

絜精白而事君　志沄驩之合明　伋玄錫而流澤　而恐疏而日忘　而糜美人窮嗑　外承驩之可兌　慕窔佻之靈景　而永思而毋絶

釈文

精白を潔くして、君に事《つか》えしも、／驩《かん》を沄《ふさ》がれ、明を合《おおわ》れるを志（怨《うら》）む。／玄錫《げんし》の流澤《りゅうたく》を伋《きゅう》し、／疏遠にして、日に忘らるるを恐る。／糜美人《うるわしき》の窮《ひそか》な嗑《わら》い／承驩《しょうかん》の説《よろこぶ》べきを外にし、／窔佻《たおやか》なる令京（靈景）を慕う。／願わくは永えに思いて絶ゆる毋《なか》らんことを。／清光なるかな、佳人に宜《よろ》し。

「美人」　男性に対して用いる際は、常に敬慕する君主（屈原にとって懐王もしくは頃襄王）。探し求めている理想の君主。賢人。才徳ある人。友人。佳人。（男女を問わず）すばらしい人。美しい人。

連弧文「日光」銘鏡（九号鏡）白銅質。銘文は、天下泰平を祈る吉祥の銘文。

銘文

見日之光　天下大明

釈文

日の光見（あらわ）れれば、／天下大いに明らかなり。

単圏「久不相見」鏡（一〇号鏡）白銅質。死者を追悼する銘。

銘文

久不相見　長毋相忘

訳文

久しく相見《み》ず　長く相い忘れることは毋《な》（な）い

（佐賀県吉野ヶ里遺跡の女性の甕棺からも同銘文の前漢鏡・連弧文銘鏡「久不相見」鏡が出土。）

福岡県糸島市三雲南小路《みくもみなみしょうじ》遺跡出土前漢鏡　紀元前一世紀の王・王妃墓。

一号甕棺墓　三五面

「清（精）白」銘鏡　連弧鏡、重圏斜角雷文帯鏡、重圏鏡一九面の鏡の破片。

銘文は、飯塚市立岩遺跡出土の清（精）白銘鏡と同一と思われる。銘文は、屈原の「楚辞」から、屈原の失意の心境を託し追悼。屈原の、愛国の情、忠誠心を称揚。

二号甕棺墓　二二面

「昭明」銘鏡　銘文は、飯塚市立岩遺跡出土の「昭明」銘鏡と同一と思われる。銘文は、屈原の失意の心境を託し追悼。屈原の、愛国の情、忠誠心を称揚する銘を刻印。

連弧文「昭明」銘鏡、重圏「昭明」銘鏡合わせて五面の破片「日光」銘鏡一六面の破片等。　銘文は、飯塚市立岩遺跡出土の「日光」銘鏡と同一と思われる。天下泰平を祈る吉祥の銘文。

井原鑓溝《いはらやりみぞ》王墓（紀元一～二世紀の王墓推定地）二一面

江戸時代、天明年間（一七八一～一七八八年）筑前福岡藩の青柳種信により著された「柳園古器略考」に怡土郡井原村鑓溝で、多数の銅鏡が甕棺から出土した記録が残っている。銅鏡二一枚（前漢鏡）、巴形銅器三個、刀剣、鎧板などが出土したと記録されている。現在は散逸し残っていないが、三雲南小路王墓に埋葬された王の何代か後の伊都国王墓であろうと考えられている。

屈原《くつげん》（紀元前三四〇年～紀元前二七八年五月五日）

屈原は、中国戦国時代の楚の公族系で最高の名門である屈氏出身の政治家、詩人。

中国戦国時代末期、圧倒的な強国になった秦と個別に同盟関係を結ぶ親秦派の連衡《れんこう》策に対し、秦以外の六国（韓・魏・趙・燕・楚・斉）が縦《たて》（従）に同盟し共同戦線で秦に対抗しようとする合従《がっしょう》策（合従連衡策）があった。

楚の第二〇代国王・懐王時代、楚国の家臣団も、親秦派と合従・親斉派に二分した。合従・親斉派の筆頭である屈原は、家柄に加えて博聞強記で詩文にも非常に優れていたために懐王の信任が厚かった。屈原は、秦の張儀の謀略である連衡策を見抜き、楚の懐王に親秦派に踊らされないよう諫めたが受け入れられなかった。懐王は、秦の謀略に騙され最後は秦に幽閉されて死去した。王を捕らえられた楚では頃襄王を立てたが、屈原は江南へ左遷された。

楚の首都が、紀元前二七八年に秦の白起《びゃくき》将軍により陥落したと聞いた屈原は旧暦の五月五日、祖国の将来に絶望し、石を抱いて汨羅江《べきらこう》（現在の湖南省北東部、長沙の北）に身を投じて死んだ。

入水した屈原を救出しようと民衆が、先を争って船を出し、また亡骸を魚に食べられないようにするために、魚の餌として笹の葉にご飯を包んだ粽《ちまき》を川に投げ込むようになった。旧暦の五月五日端午の節句には、屈原の魂を鎮める祭が開かれ、伝統的な競艇競技であるドラゴンボート（龍船）（日本でも長崎など各地で行われるペーロン競漕）が行われ、粽を食するようになった。

前漢時代には、屈原の「楚辞」から、愛国の情、君主への忠誠心を称揚する銘の青銅鏡が鋳造され、王族や高官、外国からの使節団に下賜され、漢朝への忠節を求めた。

福岡県平原方形周溝墓（平原一号墓）からは四〇面の青銅鏡が出土した後漢から持ち込まれた舶載鏡。一号鏡から九号鏡、一八号鏡～三〇号鏡は方格規矩《ほうかくきく》四神鏡の尚方鏡。尚方鏡：新代から銘文に尚方作竟などと刻印される。尚方《しょうほう》とは秦代から続く工芸品を製作する役所。官営工房で作成されたと考えられる。

刻印名

尚方作竟真大巧（好と刻印されたものもあり）　上有仙人不知老　渇飲玉泉飢食棗　浮游天下敖四海　徘徊神山采芝草　壽如金石為国保

釈文

尚方が作った竟（鏡）は真に大いに巧みである（好いものである）。上に仙人有り、老いを知らず。渇《かわ》いては玉泉《ぎょくせん》を飲し、飢《うえ》ては棗《なつめ》を食す。天下を浮游（行先を定めないで旅をする）し、四海に遨《あそ》ぶ（気ままにあそぶ）。神山を徘徊し、芝草を採る。金石の交わり（「漢書」韓信伝から、堅く結ばれた交わり。心変わりをしない友情。）をもって寿《いわ》（祝）う如《ごと》し国の保（宝）と為す。

三一号鏡から三九号鏡までは方格規矩四神鏡の陶氏鏡。後漢から持ち込まれた舶載鏡。「尚方作竟真大巧」の部分が「陶氏作竟真大巧」となっている。陶氏という民間の姓を持つものが作った鏡。

陶氏作竟真大巧　上有仙人不知老　渇飲玉泉飢食棗　浮游天下敖四海　徘徊神山采芝草　壽如今石之國保

一五号鏡、一六号鏡は内行花文鏡。後漢から持ち込まれた船載鏡。

大宜子孫（大いに子孫に宜し）の吉祥銘が刻印されている。

一七号鏡四螭《しち》鏡（螭　音　ち　みずち。　想像上の動物の名。竜の一種。）と四〇号鏡は無銘。

一〇号鏡から一四号鏡は無銘であるが八咫鏡とされる日本最大の白銅鏡。日本国内で鋳造された仿製《ぼうせい》鏡。

直径四六・四～五センチ、外周一四六センチの日本・世界最大の鏡。内行花文八葉鏡。天皇家に伝わる三種の神器の一つ八咫《やた》の鏡の同型鏡。八咫とは、当時の中国の尺で、女性の手の大きさに相当し約一八．四センチ。本鏡の周長が八つ分の咫に相当するので八咫の鏡という。

出土品が鏡の他女性が身に着けるガラス勾玉、瑪瑙《めのう》菅玉、ガラス玉類等なので埋葬されたのは伊都国の女王と思われる。糸島市の考古学者・原田大六氏は神武天皇の母・玉依《たまより》姫と比定した。さらに三雲南小路遺跡、井原鑓溝王墓、平原遺跡の東には高祖山があり、その南にはクシフル山があり、その南の日向峠を真東に見て、西を頭に埋葬され、被葬者が神嘗祭（一〇月一七日）の時期に、日向《ひむか》峠からの日の出が一の鳥居から見て一直線に差し込む位置に埋葬されていることから、日本の天皇家誕生の地は伊都国ではないかと推定している。

新・唐書では、日本の王の姓は阿毎氏、自ら言うには、初めの主は天御中主《あめのみなかぬし》と号し、彦瀲《ひこなぎさ》に至り、およそ三十二世、皆な、「尊《みこと》」を以て号とし、筑紫城に居していた。彦瀲《ひこなぎさ》の子の神武が立ち、改めて「天皇」を号とし、大和州に移って統治する。」と記録されている。神武天皇は筑紫城に居て東遷したと記載されている。

神武天皇東遷時期

（前）漢書に、「樂浪海中に倭人有り、分れて百余国を為す。歳時ごとに來たりて献見する。」との記録があり、（後）漢書に、「倭には、凡《およ》そ百余国あり、（前漢）の武帝が朝鮮を滅して自《よ》り、三十許《ばか》りの国が漢に使驛（駅）を通じる（使節団を送って互いに交流する）。国皆な王を称す。」との記録がある。

倭には、漢と交流する国が三十ケ国があり、倭はこれら三十国の国家連合の形態を為しており、邪馬台国以前は伊都国の重要度からして伊都国が倭国王を出していたと見るのが順当ではないか。

後漢時代の青銅鏡が伊都国王墓から大量に出土し、三種の神器である八咫《やた》の鏡の同型鏡、剣、勾玉も出土していることを考えると伊都国王の一族である神武天皇が東遷したと判断せざるをえない。

第二八代天皇である継体天皇の二二年に筑紫の君・磐井の乱が発生したのが西暦五二八年なのでその

二七代前ということになると一代二〇年と考えると神武天皇の即位はその五六〇年前。前漢末期から王莽の新、光武帝の後漢初期のころ神武天皇は東遷したと考える。伊都国王墓から出土した三種の神器である八咫の鏡の同型鏡（八咫の鏡という大型鏡）は伊都国王墓から出土したもの以外残っていない。八咫鏡は平安時代に火災により焼失してしまい、その時に新たに作り直された八咫鏡は、現在に残る桶代（御神体の入れ物）の大きさから推定して、直径四六・五センチの大きさではなくなっているという。

天皇家の皇紀はさらに五百年以上遡るが、三国時代の魏の史書の一つである魏略には「其俗不知正歳四節但計春耕秋収爲年紀」（その俗、正歳四節を知らず。ただ春に耕し秋に収すを計って年紀と為す。）との記載があり、倭国では春夏で一年、秋冬で一年と把握しており二倍暦年となっている。

継体天皇以前は二倍暦年が使用されていると考えると、神武天皇の東遷時期とピッタリ当てはまって来る。

（次ページ神武天皇東遷時期エクセル表参照。）

神武天皇東遷時期

天皇	日本書紀没年齢	魏略二倍歴年	在位期間	魏略二倍歴年
神武	127	63.5	76	38
綏靖	84	42	33	16.5
安寧	67	33.5	38	19
懿徳	77	38.5	34	17
孝昭	114	57	83	41.5
孝安	137	68.5	102	51
孝霊	128	64	76	38
孝元	116	58	57	28.5
開化	111	55.5	60	30
崇神	119	59.5	68	34
垂仁	139	69.5	99	49.5
景行	143	71.5	60	30
成務	107	53.5	60	30
仲哀	53	26.5	9	4.5
応神	111	55.5	41	20.5
仁徳	99	49.5	87	43.5
履中	70	35	6	3
反正	75	37.5	5	2.5
允恭	78	39	42	21
安康	56	28	3	1.5
雄略	62	31	23	11.5
清寧	41	20.5	5	2.5
顕宗	38	19	3	1.5
仁賢	50	25	11	5.5
武烈	17？	17	8	4
		1118	1089	544.5
継体	82		25	
継体天皇22年（西暦528年）筑紫の君・磐井の乱）				

魏略に記録されているように倭国では春夏で一年、秋冬で一年と計算する二倍暦年が継体天皇辺りまで続いていたと考えると継体天皇22年（西暦528年）の筑紫の君・磐井の乱のおよそ500年前の前漢末に東遷したと考えられる。

後漢書の巻八十五・東夷列傳第七十五巻では、倭の地理、風俗、光武帝による金印賜授、卑弥呼、徐福について次のような記述がある。後漢書は、魏書より一五〇年後に撰されており倭については魏志倭人伝をほぼそのまま引用している。

倭は、韓の東南大海中に在り、山島に依て居を為す。凡《およ》そ百餘國。（前漢）武帝が朝鮮を滅して自《よ》り、三十許《ばか》りの國が漢に使驛を通じる（交流する）。國皆な王を稱す。世世（代々）統を傳《つた》（伝）其の大倭王は邪馬台國に居る。樂浪郡徼（国境）を去ること其國まで萬二千里。其の西北界を去り拘邪韓國まで七千餘里。其の地は大較（大体）會稽《かいけい》・東冶《とうや》の東に在り。（海南島の）珠崖《しゅがい》（珠厓郡）、儋耳《たんじ》（儋耳郡）與《と》相近し。故に其の法俗同じこと多し。土は宜《よろ》しく禾稲《かとう》（あわ、稲）、麻紵《からむし》（麻）を種え、蠶《かいこ》の桑を育て、糸を績《つむ》（紡）ぎ織って縑《けん》（絹糸で織った）布と為す。白珠・青玉が出る。其の山には丹土が有る。氣（気候）は温暖で、冬夏ともに生の（野）菜を茹《ゆ》でる。牛馬虎豹羊鵲《かささぎ》はいない。其の兵器には矛・楯・木弓・竹矢が有る。或いは骨を以て鏃《やじり》とする。男子は皆な黥面文身（顔や体に文身（刺青・入れ墨を入れている）。其の文（文字）左右大小の別を以て尊卑の差とする。其の男の衣は皆な布を結び合わせてつなぐ。女人は被髪屈紒《くっかい》（髪をまげて結う）、衣は単被の如く、頭を貫いて之を着る。并《ま》た丹硃（赤色の土）を以て身に坌《ふりかけ》る。中國の粉を用いる如く也。城柵・屋室有り、父母兄弟は異處（場所）を異（別）にする。唯だ男女の別無く會同（一箇所に集まる）。飲食は手を以て、籩豆《へんとう》（籩《へん》竹製の容器）（豆《とう》木製の容器）（竹を編んだり、木をくり抜いたりした高坏）を用い、その俗皆な徒跣《とせん》（裸足）、蹲踞《そんきょ》を以て恭敬と為す。人の性として酒を嗜み、壽考（長寿者）多く、百餘歳に至る者甚だ眾《おお》（衆）い、國に女子多し。大人（身分の高い人）皆な四五妻有り、其の餘（その他の人）は或いは両（二人）或いは三（人）の妻有り。女人は妒《とつ》（ねたむ　そねむ）せず。又、俗盗窃せず、争訟少く、法を犯す者は其の妻子を没収し、重き者は其の門族（一族）を滅す。其の死喪（死してから）十餘日喪《もがり》し、家人は泣き哭（叫）び、酒を飲まず、肉を食しない。他の人々は歌舞して樂を為す。骨を灼（焼）き卜《ぼく》（うらない）を以て、吉凶を用決する。中國に行來するに海を渡る、一人に（命）令して櫛《くし》（髪が櫛けずられる）沐《もく》（雨で髪が洗われる）せず、肉を食わず、婦人を近づけず。名を持衰《じさい》と曰う。若《も》し（途上）に吉利（縁起が良い）在る時は、則ち財物を以て雇い、如《も》し病疾し、害に遭う時は、持衰謹まずを為すを以て、便《すなわ》ち共《とも》に（皆なで）之を殺す。

　戦国時代から前漢初期までの礼学関係の文献をまとめた儒教経典である礼記《らいき》に、東夷（倭）は、紀元前一〇〇〇年の周の成王のころ「樂」を奉献していた、と記録され、論語で、孔子が東夷（倭）について、万物の根幹であり、万物が生まれ出るところ、君子が居するところであり不老不死の国であると絶賛していることを考えると、周朝初期から、東夷（倭）は、使者を送り、交流していたのだから、周の文字は東夷（倭）に伝わっており、使者は周の言葉を使用できたと考えるのが相当ではないか。

　建武中元二年（西暦五七年）倭奴国、貢を奉じて朝賀す、使人自ら大夫（周の時代の官制度。卿・大夫・士を認識した上で）と称す、倭国の極南界（最南端）なり、光武、印綬を以て賜う。

安帝永初元年（西暦一〇七年）倭国王帥升等が生口百六十人を献上して皇帝の謁見を願った。

（後漢の）桓帝と靈帝の間に、倭國は大きく亂（乱）れ、更相（互いに）攻伐（攻撃し合い）、暦年（長い間）、主なし。卑弥呼という名の一女性有り、年齢は高く嫁ず、鬼神道に事（仕）う、能く妖惑を以て眾（衆）を惑わす。是に於て共立して王と為す。侍婢千人。見る者有る少なし。唯男子一人有り飲食を給す。辞語（言葉）を傳（伝）える。その王の居處（所）宮室に樓觀城柵あり、皆な兵（器）を持て守衛す。法俗（法の適用）嚴峻（はなはだ厳しい）。

女王國自《よ》り東に海を度《わた》る千餘里、拘奴國に至る。雖《ただ》皆な倭種にして女王に屬せず。女王國自《よ》り南に四千餘里、朱儒《しゅじゅ》（こびと）國に至る。身長は三、四尺（一尺二三センチ程度）。女王を去ること四千里餘り。朱儒自《よ》り東南に船で行く一年、裸國・黒齒國に至る。使驛（交流）傳（伝）わる所、此に於て極まる（極限である）。

會稽の海の外に東鯷人有り、分かれて二十餘國と為す。又、夷洲及び澶洲有り。「秦の始皇（帝）が方士の徐福を遣《や》り、將に童男女數千人が海に入る。蓬莱神仙を求むるも得ず。徐福は誅（殺）を畏《おそ》れ敢て還らず。遂に此の洲に止まる。」との言（話）が傳（伝）わる。世世（代々）相承（受け継ぐ）。數萬の家有り。人民時に會稽の市に至る。會稽東治縣の人有り海に入り行く、風に遭い、流れて移り至澶洲に至る者、所絶遠に在り、往來できず。

このころまでには、中国大陸から見て東方の大海を東瀛《とうえい》と云い、古代中国において、仙人の住むという東方の三神山（東瀛《とうえい》・蓬莱《ほうらい》・方丈《ほうじょう》）の一つを意味した。現在でも中国では、日本を指す雅称を東瀛《とうえい》とも言い、日本でも「瀛」が宗像大社中津宮・沖津宮遥拝所に「瀛津宮」と使用されている。

（なお、日本書紀には徐福に関する記述はないが、李氏朝鮮・領議政（宰相）申叔舟により、第九代国王・成宗二五年（西暦一四七一年）に成宗の命を受けて刊行された海東諸国紀には徐福について次のように記録している。）

第七代孝霊天皇は孝安天皇の太子なり。元年は辛未の年。七十二年壬午の年に、秦の始皇帝が徐福を遣わし、海に入り仙福（不老不死の薬）を求めしむ。遂に紀伊州に至りて居す。在位七六年。寿一一五。

第一〇代崇神天皇は開化天皇の第二子なり。元年は甲申の年。始めて璽剣を鋳す。近江州に大湖を開く。六年己丑の年に、始めて天照大神を祭る。天照大神は地神の始主なり。俗に日神と称す。今に至るまで四方共に之を祭る。七年庚寅の年に、始めて天社《あまつやしろ》・国社《くにつやしろ》・（神地《かむどころ》）神戸《かんべ》を定む。一四年丁酉の年に、伊豆国船を献ず。一七年庚子の年に、始めて諸国に令して船を造らしむ。在位六八年。寿一二〇。是の時、熊野権現神始めて現る。徐福死して神と為り、国人今に至るまで之を祭る。

班固（西暦三二年~九二年）編纂の（前）漢書地理志に倭について次のような記載がある。

然《しか》るに東夷の天性は、柔順であり、そこが三方（北狄、西戎、南蛮）の外に於いて異なり、故に（そこで）孔子は道義が行われないことを悼《とう》（悲しむ）し、桴《いかだ》を設けて海に浮かび、九夷に居たいと欲する。これを以てついてくる夫（者）有り。樂浪海中に倭人有り、分れて百余國を為す。歳時ごとに来たりて献見すという。

（前）漢書を編纂した班固と同時代の官吏である王充（西暦二七年〜九七年）が記した論衡に、倭のことが次のように記録されている。

周の時、天下は太平にして、越裳は白雉を献じ、倭人は鬯草を貢す。白雉を食し鬯草を服用するも、凶を除くことはできなかった。（国が衰え滅びることを食い止めることはできなかった。）

孔子、司馬遷、班固、王充ともに東夷は倭との認識で一致している。

孔子は、東夷は、「未開な地ではなく、鬯草（薬草）が採れ、万物の基であり、万物が生まれる。言は仁（他者への情愛）があり、好《よ》く生きる（情け深い。）。故に天性は柔順にして、道をもって御し易く、君子有るに至り、不死の国である。」とまで絶賛している。

司馬遷は、徐福を通して、東夷（倭）について「東の海の中に仙人がいる蓬萊、方丈、瀛洲という三神山がある。（蓬萊、方丈、瀛洲という三神山は海の中から壺のように突き出ているような山なので、蓬壺、方壺、瀛壺の三壺ともいう。）神仙の住むという神秘のところであり、徐福は不老不死の仙薬を探しに出た。」と記録している。蓬萊山を薬草としての蓬が採れる山、方丈《ほうじょう》山を（ふじ）山、瀛洲の瀛《えい》の字から（あそ）山を宛てる説を唱える研究者もいる。

唐・玄宗皇帝の時代に日本への帰国を許された阿倍仲麻呂が遭難し、海没死したという知らせに接した友人の李白が阿倍仲麻呂を悼み詠じた唐詩にも日本のことを「蓬壷」と表現している。

哭晁卿衡　李白
日本晁卿辞帝都
征帆一片繞蓬壷
明月不帰沈碧海
白雲愁色満蒼梧

晁卿衡《ちょうけいこう》を哭《こく》す。　李白
日本の晁卿《ちょうけい》帝都を辞す。
征帆《せいはん》一片《いっぺん》蓬壷《ほうこ》を繞《めぐ》る。
明月《めいげつ》帰らず碧海《へきかい》に沈む。
白雲《はくうん》愁《しゅう》色《しょく》蒼梧《そうご》に満つ。

日本の友人である晁衡（阿倍仲麻呂）は帝都長安を出発した。
去り行く小さな一そうの舟に乗り込み、曲がりつくねりつしつつ、蓬莱山のある日本へ向かって進んだ。

しかし明月のように高潔な人柄である晁衡は帰って来ず、碧の海に沈んでしまった。愁いをたたえた白い雲が、蒼梧山（中国湖南省寧遠県にある山。皇帝・舜が行幸中に病死し、舜帝の墓があるとされる。旅の途上の死を示唆している。）に満ちている。

また、始皇帝二八年（紀元前二一〇年）に若い男女数千人とともに渡海し、始皇三七年（紀元前二一〇一年）に名（家）の男子と若い振（勢い）のある女、振（勢いのある若い）男女三千人と百工（多くの技術者）を遣はし、之に五穀の種もみを付けて出発させている。徐福は平原廣澤（広い平野と湿地）を得て、王に止まりて帰国しなかった。この時代に、若い男女数千人を二回、さらに百工（多くの技術者）と五穀の種もみを付けて渡海している。

秦の始皇帝は不老不死の薬草を求めて、徐福に良家の童男童女（善男善女）数千人と五穀（中国の五穀は麻・黍《しょ》・稷《しょく》・麦・豆）の種子とさまざまな分野の技術者、当時世界最強国の秦の武器、（始皇帝・驪山陵の兵馬俑に出てくるような）武人を託して旅立たせた。このうち何人が日本に到着できたか不明であるが、およそ九〇〇年後の遣唐使が日本への帰国の際に、帰国船が漂着した場所をみると徐福伝説が残る地域と被って来る。

天平勝宝四年（西暦七五二年）に渡唐した第一二次遣唐使は、天平勝宝五年（西暦七五三年）に帰国の途についたが、大使・藤原清河、阿倍仲麻呂が乗船した第一船は出航直後に座礁し、その後暴風雨に遣い安南（ベトナム中部）に漂着して帰国できなかった。

副使の大伴古麻呂と鑑真が乗船した第二船は嵐に逢い漂流したが、薩摩国坊津に漂着し、有明海を船で北上し佐賀市嘉瀬町嘉瀬津の港経由で大宰府に入ることができた。

副使の吉備真備が乗船した第三船は遭難し太平洋側に押し出されたあと黒潮に流されて紀伊半島和歌山県東牟婁郡太地《たいじ》町の牟《む》漏《ろ》崎（燈明崎《とうみょうさき》）に漂着したが、徐福上陸伝説が残る和歌山県新宮市と三重県熊野市波田須《はだす》の隣町である。吉備真備は熊野古道を通って天平勝宝六年（西暦七五四年）に奈良の都・平城京に帰着した。（第四船は、薩摩国石籬浦（現在の鹿児島県揖宿《いぶすき》郡頴《え》娃《い》町石垣）に漂着帰国した。）

徐福上陸伝承が残る新宮市には古神道の神の磐座《いわくら》、熊野の神々が最初に降臨した天岩盾《あめのいわたて》「ゴトビキ岩」を祀る神倉神社（熊野三山の元宮）があり、徐福が上陸したときにはすでに古神道の聖地として知られていた。徐福は当初ここは仙人の住む蓬莱山と思ったのではないか。

第一六次遣唐使が帰国した宝亀九年（西暦七七八年）一一月に、帰国船に第一二次遣唐大使を務めた藤原清河の娘・藤原喜娘《ふじわらのきじょう》らが乗船した四隻中の第一船は、嵐に遭遇し　船は右棚根を破られ副使・小野朝臣岩根ら三八人、唐使・趙寶英ら二五人、計六三人が海に流され行方不明、帆柱も倒れ船は二つに分断されたが、判官・大伴継人、藤原喜娘ら四一人は難破した船の残骸にしがみつき有明海の南部肥後国天草郡西仲島（長島）（現在の鹿児島県出水郡長島町）に漂着した　そして村人に助けられ　奈良の都・平城京に帰ることができた。

鹿児島県出水郡長島町の南には、徐福が上陸したといわれる照島（鹿児島県いちき串木野市西島平町照島神社）がある。

有明海の北部には、佐賀県佐賀市諸富町に徐福らが到着し上陸し不老不死の霊薬を求めて金立山に入ったとの伝承が残っている。佐賀市諸富町の近くに福岡県の八女市があるが、ここに漂着した徐福らは浜に打ち上げられ、住民が火を焚いて温め介抱したとの伝承がある。この地で亡くなった者もいたのではないか。八女市にはこのとき亡くなった童男童女を童男山に葬ったという伝承が残っている。

徐福らが何艘の船で日本に向かったか。およそ九〇〇年後の遣唐使船が一艘に一二〇人乗船していたことを考えると一艘に五〇人程度乗船していたのではなかったか。一〇〇艘を超える船でいくつかの船団を組み日本に向かい、半数以上が何とか日本に到着できたのではないか。

徐福入海のおよそ九〇〇年後の遣唐使の帰国船の上陸地を考えると、数千人の集団が日本のどこか一箇所に上陸したとは考えにくい。徐福漂着伝承を見ると黒潮に乗って九州の各地、四国、和歌山、日本海沿い、八丈島等に漂着したと見るのが相当である。

特に、佐賀県佐賀市諸富町と和歌山県新宮市と三重県熊野市波田須《はだす》には徐福の集団が漂着した伝承がいきいきと色濃く残っている。

佐賀市諸富町には、徐福が金立山山頂で仙人に会い、不老不死の霊薬「フロフキ」を手に入れた。また、徐福は、土地案内を頼んだ源蔵の娘お辰と恋仲になったが、徐福が金立を去るとき「五年後に戻る」

との伝言が、言語の疎通の問題で「五〇年後に戻る」と誤って伝わったため、お辰は悲しみのあまり入水したと伝えられている。金立神社のお辰観音はこの悲恋に由来するとのこと。徐福集団には童男童女、百工という技術者集団の他、護衛として武人が同行していたが、年齢的に考えるとこの悲恋伝承は徐福でも童男童女でも百工でもなく、秦の始皇帝の驪山陵から出土した兵馬俑のような護衛の武人ではなかったか。

和歌山県新宮市には徐福の墓や阿須賀神社の背後には蓬莱山と伝わる山があり、三重県熊野市波田須《はだす》からは秦の貨幣・半両銭が出土している。

このほか、黒潮沿いに日本海を北上する京都府の最北端丹後半島にも徐福伝説が伝わる。伊根町の新井崎《にいざき》には徐福を祀る新井崎神社（京都府与謝郡伊根町字新井八ー三）がある。

八丈島にも徐福伝承が残るが徐福の集団中八丈島に漂着した集団は難破船のような状態で少人数であったと思われる。

この他にも、鹿児島県、宮崎県等に数百人単位で日本各地に漂着したが、総てが皇帝の命で徐福道士に導かれ、神仙の地に不老不死の薬草を求めて来たという認識を持っていたので、各集団のリーダーは徐福、もしくは徐福の集団を名乗った可能性がある。徐福集団が日本各地に五穀の種もみといろいろな技術をもたらしたという伝承が残ったのではないか。

無事到着できた船には、五穀（中国の五穀は麻・黍《しょ》（きび。イネ科の一年草。）・稷《しょく》（五穀の一つの粟

（あわ）の別称。）・麦・豆）の種子とさまざまな分野の技術者、そしてきちんとした教育を受けた良家の童男童女が、君子の住むところ、仙人のすむ不老不死の薬を求めてきたのであるから、非常に洗練された人々が中心になっており、侵略目的に日本にきたのではないので、弥生時代初期の住民とは友好的に接し、まずは稲作に適した定住先を探し、次いで海でばらばらになった仲間を探した。

無事到着した人々は定住先で土地を拓き、さまざまな分野の技術者が織物、農耕、農機具、漁法、捕鯨、紙すき等の技術をこの地に伝えた。併せて、全員が秦人なので中国の文字・言語も伝えたと考えるのが相当である。

また、入海後ばらばらになった仲間を探し、蓬莱、方丈、瀛洲という三神山の不老不死の薬を求めて、探索隊を日本各地に送った。

山梨県富士吉田周辺にも徐福伝説が残っているが、不老不死の霊薬を求めて方丈山（富士山、不死山）に入った者たちが富士山の麓に定着した可能性がある。

宝の山を満載していたのであるから、先住の日本人に与えた文化的カルチャーショック（文化的衝撃）には計り知れないものがあったことは想像に難くない。（幕末の四艘の黒船どころではないショックを日本各地にもたらした。）

秦側に送り出した公的記録があり、送り出された日本側に徐福が到着した伝承があるので、裁判での挙証責任（法務）的には徐福の渡海団が日本各地に到着したことは事実として認定しなければならない。

遣唐使の生存率を考えると、渡海した二人に一人は海没した可能性があるが、徐福の集団の半数以上が無事に日本に到達できたと判断される。

紀元前二世紀の日本の人口がどのくらいであったか？（鬼頭宏氏の著書「人口から読む日本の歴史」から推定するに、紀元前二〇〇年頃の日本の人口は、一〇万人～五〇万人と思われるが、徐福は二回にわたり万に近い若い男女と、五穀の種もみ、農耕機具、武具、技術者とともに来日した、この徐福の渡海が当時の東夷（倭）にもたらした影響には計り知れないものがある。日本の各地に徐福伝説が残るのも「むべなるかな」とも思う。

周の時代の孔子の礼記の記録、司馬遷の史記の秦の始皇帝の徐福の記録、後漢書東夷列傳に前漢の武帝が朝鮮を滅して自《よ》り、三十許《ばか》りの國が漢に使驛を通じる（交流する）との記述がある上、秦の始皇帝、前漢、王莽の新の時代の貨幣・青銅鏡等が日本各地から出土していることを考えると周、秦、前漢、新、後漢の時代に中国と倭国は頻繁に交流していたことが窺える。

東夷は紀元前一〇〇〇年のころ周の第二代王・成王のころ東夷が「昧《まい》（舞）」という「樂」を奉献し、紀元前五〇〇年頃のころ周の孔子の礼記《らいき》に、東夷（倭）について、万物の根幹であり、万物が生まれ出るところ、君子が居するところであり不老不死の国であると記録され、司馬遷の史記には、紀元前二一〇年のころ秦・始皇帝の時代に徐福らが数千人の集団で入海し、東夷に到着できたこと、（前）漢の武帝のころから儒家思想が国家の学問思想として確立され、（前）漢から禅譲を受けて新の皇帝に即位した王莽は儒教に基づく政治を行っており、孔子の東夷に対する認識が共有されていたこと、吉野ヶ里遺跡から出土した弥生時代中期の女性の甕棺《かめかん》に供えられていた（前）漢の青銅鏡（連弧文鏡）の背面には、「久　不　相　見　長　毋　相　忘（久しくあいまみえず　長くあい忘るる　なからんことを）（長く会わなくても、お互い忘れないようにしましょう）」という文字が刻印されていること、秦、（前）漢時代の貨幣・半両銭に「半」「両」、（前）漢・武帝時代の五銖銭に「五」と「銖」の文字が刻印され、新の貨幣・貨泉に「貨」と「泉」の文字、大泉五十銭に「大」「泉」「五」「十」の文字が刻印されていることを考えると、前漢、新の時代に中国の王朝とかなり密な交流をしており、中国の文字・言語・文化が伝わっており、東夷（倭）側も中国の文字・言語・文化を解していたと考えるのが自然である。

中国側の王朝も徐福のことや東夷（倭）の風俗等の情報を収集していたと考えるのが相当である。後漢の光武帝から金印を賜ったことも、孔子が東夷（倭）は、天性は柔順にして、道をもって御し易く、君子がおり、不老不死の薬草が採れ不死の国であると記録し、光武帝も孔子の礼記を理解していること等を考えると、後漢の初代光武帝も東夷のことを認識していた。光武帝が新を滅し（後）漢の創朝早々に来訪した君子の国である東夷（倭）からの使者を高く評価した。

東夷（倭）には文明があり、漢字を解し、中国の朝廷に外交文書を送り、会話も出来たと判断するのが相当ではないか。（古事記、日本書紀では応神天皇のときに百済の王仁博士が初めて千字文と儒教を伝えたとあり、この時初めて漢字が日本に伝わったと言われているが、上記の考証からこれは明らかに間違っている。大和朝廷ではそういう認識になっているかもしれないが、東夷（倭）は周、秦、（前）漢、新、（後）漢時代にはすでに中国の文字、言語は伝わっていたと考えるべきである。）

これらの交流の歴史があったからこそ、（後）漢の初代皇帝・光武帝から「漢委奴國王印」の金印を賜ることにつながっており、倭国側もこの文字の意味を解していた。（「漢委奴國王印」は、「漢の委の奴の國王印」とは読むべきではない。「漢の委奴《いと》國王」と読むのが正しい。光武帝が漢を再興したが、匈奴対策には苦慮している。後漢は匈奴の王に「漢匈奴悪適尺遂王」の銅印を下賜している。「漢の匈奴の悪適戸逐《あくてきしゃくすい》王」と理解すべきである。これを「漢の匈の奴の悪適戸逐王」と読むと、「奴」の国が「匈」と「委」の二箇所に存在することになる。）

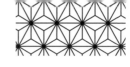

第二章

日本の外交史　中国の史書に記録された日本人

日本の外交史を調べると、第八次遣唐使の最高責任者である遣唐執節使・粟田真人《あわたのまひと》の功績は群を抜いている。

中国の王朝は、周・秦・(前)漢以降、新、(後)漢、魏・蜀・呉の三国時代、晋、南北朝時代、隋、唐と続くが、(後)漢の献帝から禅譲を受け建国した曹丕(曹操の子)の魏(西暦二二〇年〜二六五年)は、中国の三国時代に華北を支配した王朝で西暦二三八年邪馬台国の卑弥呼が第二代皇帝・曹叡(明帝)に初めて難升米らを中国の魏に派遣。明帝から親魏倭王の仮の金印と銅鏡一〇〇枚を下賜されている。正始八年(西暦二四七年)女王・壹与は第三代皇帝・曹芳に遣使。

魏の第五代皇帝・元帝(曹操の孫)から禅譲を受け建国した司馬炎(三国時代の劉備の蜀の軍師である諸葛亮孔明と五丈原で戦った魏の武将の司馬懿仲達の孫)の晋(西晋)(西暦二六五年〜三一六年)、晋

（西晋）が、西暦三一六年に匈奴の劉淵の漢（後の前趙）に滅ぼされた後に、司馬睿（司馬懿の曾孫）によって西暦三一七年江南に建てられた東晋。

晋（西晋）滅亡後、中華の北部は五胡（五胡とは匈奴《きょうど》・鮮卑《せんぴ》・羯《けつ》・氐《てい》・羌《きょう》のこと）十六国（匈奴は前趙、夏、北涼を、鮮卑は前燕、後燕、南燕、南涼、西秦を、羯は後趙を、氐は成漢、前秦、後涼を、羌は後秦を、漢族が前涼、冉魏、西涼、北燕をそれぞれ建てた。冉魏はあっけなく崩壊したため十六国には含まれていない。）の時代（五胡十六国時代は、西暦三〇四年の匈奴の劉淵の漢（前趙）の建国から、西暦四三九年の北魏による華北統一までの一三五年間。）。南部は、東晋（安帝の時（西暦三九七年～四一八年）、倭王賛が遣使。）、宋、斉、梁、陳の南北朝時代に入る。

北部（華北）は、鮮卑・拓跋部の北魏が統一、北魏が東魏、西魏に分裂、東魏は北斉に、西魏は北周に、北周は北斉を滅ぼして再び華北を統一。西暦五八一年に鮮卑の楊堅（隋の高祖）が北周から禅譲を受けて帝位に就き、隋を建国。

南部（華南）は、宋（西暦四二〇年～四七九年）東晋の安帝の時、倭王賛が遣使した。安帝は宋を建国した劉裕に殺害され、恭帝が即位したが、恭帝から禅譲を受けた劉裕（高祖・武帝）が宋を建国。宋の初代皇帝（高祖・武帝）の永初二年（西暦四二一年）と第三代皇帝（文帝・太祖）の元嘉二年（西暦四二五年）に倭王讃が遣使。さらに讃死して弟の珍王が倭王に即位し宋の第三代皇帝（文帝・太祖）太祖に遣使。太祖の元嘉二〇年（西暦四四三年）倭王・済が遣使。太祖の元嘉二八年（西暦四五一年）済王が死んで世継ぎの興王が遣使。第八代（宋最後の）皇帝・順帝の昇明二年（西暦四七八年）に倭王・武が遣使。斉（西暦四七九年〜五〇二年）蕭道成・高帝が宋の順帝から禅譲を受けて建国。高帝の建元元年（西暦四七九年）倭国は遣使していないが倭王・武の号を鎮東大将軍に叙した。梁（西暦五〇二年〜五五七年）梁の蕭衍・高祖・武帝が即位し、倭国は遣使していないが武の号を征東大将軍に進めた。陳（西暦五五七年〜五八九年）の四王朝が興亡。

西暦五八九年、隋は漢族の南朝の陳を滅ぼし、中国を再統一した。

この間、東夷・倭・日本は、漢、魏、晋（西晋、東晋含め。）、南朝の宋、斉、梁と交流した。陳との交流については記録が残っていない。

北朝は、五胡（匈奴《きょうど》・鮮卑《せんぴ》・羯《けつ》・氐《てい》・羌《きょう》）（夷狄《いてき》）であり、中華の正統政権ではないとして倭が交流した記録はない。

倭、日本は五胡（匈奴・鮮卑・羯・氐・羌）とは異なり、中華に対して脅威を与えていない。中華の王朝と戦ったことはなく、非常に友好的に交流した。

隋が漢族の南朝の陳を滅ぼし、中国を再統一した後、倭国は隋に使節を送ったが、隋朝は鮮卑であり、東夷の倭国と同格との意識があったため、「日出處天子致書日沒處天子無恙（日の出《いず》るところの天子、書を日の沈むところの天子に届けます。恙《つつが》無きや（お変わりありませんか）。」と対等関係の国書を送り、隋第二代皇帝（煬帝）を激怒させている。

東夷・倭・日本と中国の漢から唐までの交流の中で、中国の史書に記録された日本人は、新・唐書に記録された日本の天皇の漢風諡号を除き、次の通り二三人いる。

後漢第六代皇帝の安帝永初元年（西暦一〇七年）に遣使した①倭国王・帥升《すいしょう》。

魏に使者を送り「親魏倭王」の金印を授けられた②倭の女王・卑弥呼、卑弥呼が派遣した大夫（周代からの身分制度、卿・大夫・士の大夫を使用。）③難升米《なんしょうまい》（難升米は率善中郎將《そつぜんちゅうろうしょう》に叙された。）、④都市《とし》牛利《ぐり》（率善校尉《そつぜんこうい》に叙された。）、遣使大夫⑤伊聲耆《いせき》、⑥掖邪狗《えきやく》（掖邪狗等は等しく率善中郎將の官位と印綬を授けられた。）、同じく卑弥呼が派遣した⑦載斯烏越《さいしうえつ》、卑弥呼の宗族（一族）の女⑧壹与《いよ》。

南朝宋に使者を送った倭の五王（⑨讃《さん》、⑩珍《ちん》、⑪済《せい》、⑫興《こう》、⑬武《ぶ》）。

⑩珍は自ら、「使持節都督倭・百済・新羅・任那・秦韓《しんかん》・慕韓《ぼかん》六国諸軍事安東大将軍倭国王（宋朝皇帝の使者として節を持つことを許された都督で倭・百済・新羅・任那・秦韓《しんかん》・慕韓《ぼかん》の六国の諸軍事を司る安東大将軍）」と自称し、宋の文帝は、⑩珍を「安東将軍倭国王」に除正。⑩珍の時に平西・征虜・冠軍・輔国将軍に除正された⑭倭隋ら一三人。

⑪済は宋朝・文帝から「使持節都督倭・新羅・任那・加羅・秦韓・慕韓六国諸軍事安東将軍（宋朝皇帝の使者として持節を持つことを許された都督で倭・新羅・任那・加羅・秦韓・慕韓の六国の諸軍事を司る安東大将軍（百済が抜け代わりに加羅が入っている。）」に除正された。

⑪済の世子の⑫興は宋・孝武帝から「安東将軍倭国王」に除正され、⑫興の弟⑬武は、自ら「開府儀《かいふぎ》

同三司《どうさんし》」「使持節都督倭・百済・新羅・任那・加羅・秦韓・慕韓七国諸軍事安東大将軍倭国王（宋朝皇帝の使者として節を持つことを許された都督で倭・百済・新羅・任那・加羅・秦韓・慕韓の七国の諸軍事を司る安東大将軍倭国王」と自称し、宋・順帝は⑬武を「使持節都督倭・新羅・任那・加羅・秦韓・慕韓六国諸軍事安東大将軍倭王（百済の諸軍事を認めていない。）」に叙正。斉の高帝は⑬武を「鎮東大将軍」「征東将軍」に進号。梁の武帝は、王朝樹立に伴い、⑬武を「征東大将軍」に進号させている。

⑨讃が派遣した⑮司馬曹達《しばそうたつ》、⑩珍が除正を求めた⑭倭隋、隋に使者を送った俀王⑯阿毎《あめ》の多利思北孤《たりしほこ》、隋が文林郎の裴清を倭に遣使した際に出迎えた小徳⑰阿輩臺《あはたい》、大禮⑱哥多毗《かたび》、唐の時代の遣唐使⑲粟田真人、⑳阿倍仲麻呂、㉑空海、㉒使者高階真人、㉓（橘の）免勢。

　唐は西暦六六〇年に百済を滅亡させた。それに続く百済復興活動の中で、倭が百済復興軍を支援し、西暦六六三年百済の白村江で唐と戦った。倭国が中国の王朝と戦ったのはこれが初めてであった。倭国軍は、唐との海戦・白村江の役で全滅。倭と唐の国交は断絶した。

　遣唐執節使の粟田真人は唐との国交回復に尽力したが、唐書では真人のことを、「朝臣眞人粟田　貢方物　朝臣眞人者　猶唐尚書也　冠進徳冠　頂有華蘤四披　紫袍帛帯　眞人好學能屬文　進止有容」「朝臣《あそみ》の真人《まひと》である粟田《あわた》が日本の産物を献じてきた。粟田真人は、唐の宰相・尚書省（吏、戸、礼、兵、刑、工の六部）の長官である尚書のようであり、進徳冠を冠《かぶ》り、頂に華蘤（花）四本を挿し、紫の袍に帛（絹布）の帯。真人はよく学び、文を屬（書）き、その容止は温雅で偉容があった。」と絶賛している。

第三章
粟田真人とは

粟田真人は、皇極天皇・飛鳥板蓋宮朝で下級官吏・粟田臣百済の子として西暦六四三年（中大兄皇子、中臣鎌足による大化の改新の二年前）に飛鳥で生まれ、養老三年（西暦七一九年）二月五日に数え年七七歳で薨じた。近所には同い年の中臣鎌足の長子・中臣《なかとみの》真人がいた。

粟田真人は、孝徳天皇の白雉四年（西暦六五三年）五月第二次遣唐使の中臣鎌足の長子・定恵《じょうえ》（中臣真人）らとともに学問僧・道灌として唐に派遣されたと日本書紀に記録されている。

大化の改新を主導した中大兄皇子は、推古天皇三四年（西暦六二六年）生まれ、西暦六六〇年の百済滅亡に当たり百済復興を支援するために斉明天皇と共に筑紫の朝倉宮に遷幸したが、斉明天皇七年（西暦六六一年）斉明天皇が朝倉宮で崩御。その後の西暦六六三年の百済の白村江の戦いで、百済復興軍と倭国の支援軍が唐との海戦で全滅した混乱からか、天皇位に即位せず皇太子のまま称制（即位せずに政務を執る。中大兄皇子の称制）し、七年後の天智天皇七年（西暦六六八年）第三八代天皇に即位。大海人皇子（のちの天武天皇）を皇太弟とした。天智天皇一〇年一二月三日（西暦六七二年一月七日）に崩御した。

中臣鎌足は、推古天皇二二年（西暦六一四年）生まれで天智天皇八年（西暦六六九年）薨去している。皇極天皇四年（西暦六四五年）の乙巳の変（大化の改新）で皇極天皇から譲位を受けた孝徳天皇は、皇極天皇（斉明天皇）の同母弟。天智天皇（中大兄皇子）、天武天皇（大海人皇子）の叔父。乙巳の変で、中大兄皇子が蘇我入鹿を暗殺、蘇我蝦夷が自殺した（乙巳の変）後、孝徳天皇は、第三六代天皇（在位：大化元年・西暦六四五年～白雉五年西暦六五四年）として即位し、難波長柄豊碕宮を造営し、都と定めた。

粟田真人も中臣鎌足の長子・中臣真人も父親に従って飛鳥から難波長柄豊碕宮に移動し、ここで教育を受け、僧侶になった。

孝徳天皇は、白雉四年に第二次遣唐使を唐に派遣した。第二次遣唐使の学問僧には内大臣・中臣鎌足の長男・定恵《じょうえ》（数え年一一歳）、出家前の俗名・中臣真人《なかとみのまひと》や中臣一族の中臣渠毎連《なかとみのこめのむらじ》の子・安達、春日粟田《かすがのあわたの》臣《おみ》百済《くだら》の子道観《どうかん》（粟田真人）等学問僧一五人、學生三人が同行している。

白雉四年（西暦六五三年）の第二次遣唐使　日本書紀の記録

孝徳天皇白雉四年（西暦六五三年）夏五月一二日、遣大唐大使・位階一三位の小山上・吉士長丹、副使・位階一七位の小乙上・吉士駒（駒更名絲）（更《ま》たの名を絲という）、學問僧①道嚴②道通③道光（詳細下述。）④惠施⑤覺勝（客死）⑥辨正（第八次遣唐使の弁正とは異なる。）⑦惠照⑧僧忍⑨知聰（海死）⑩道昭（詳細下述。文武天皇四年（西暦七〇〇年）三月一〇日に七二歳で亡くなっているので西暦六二九年生まれ。二五歳での渡唐。斉明七年（西暦六六一年）帰朝。）⑪定惠（定惠は內大臣・中臣鎌足の長子なり）⑫安達（安達は中臣渠毎連《こめのむらじ》の子）⑬道觀（道觀は春日粟田臣百濟の子）、⑭學生巨勢臣藥（藥は豐足臣の子）・⑮氷連老人（老人は眞玉の子）が（出）發した。（或る本には、以學問僧⑯知辨⑰義德⑱學生坂合部連磐積が而《しか》して（そして）增して幷《あわ》（併）せて一二一人が俱に一船に乘って（出）發した。

（第一船）

又、大使・位階一二位の大山下・高田首根麻呂（更名八掬脛）（更《ま》たの名を八掬脛という。高田首根麻呂の位階は位階一二位・大山下であり位階一三位・小山上の吉士長丹より位階が上なので、本来の遣唐大使であったが、事故で海死し、唐に行きつけず、功がなかったので記録上は第二船扱いとなったのではないか。）、副使・位階一七位の小乙上・掃守連小麻呂、學問僧道福・義向、幷《あわ》（併）せて一二〇人が俱に一船に乘って（出）發した。（第二船）

秋七月、大唐に遣わされた（第二船の）使人の高田根麻呂等は、薩麻《さつま》の曲《くま》（まがったところ）と竹嶋の間で船が合して（衝突して）沒（沈没）して死んだ。第二船で海没死した一二〇人の中には第一船と同じような孝徳朝の俊秀な官吏、学問僧、學生たちがいたと思われるが惜しまれる人材であった。

遣唐使は使節団の半数以上が死亡する生死をかけたものであった。

第二次遣唐使で帰国できた者は、その後朝廷で然るべく処遇されている。

③道光は日本書紀に、以下の記録がある。

持統天皇八年四月一七日、に、律師・道光に賻物《はぶりもの》（賭物　すぐれた者に与える金品。死者を弔って、その遺族に贈る金品。）を贈るとの記録があるので、このときに薨去したものと思われる。

⑩道昭は、玄奘三蔵に師事。土木工事に優れ、井戸を掘り、渡し、港、架橋を行った。弟子に行基がおり、行基も土木事業を行った。

道昭については、続日本紀の文武天皇四年（西暦七〇〇年）三月一〇日の条に以下の通り記録されている。

文武天皇四年（西暦七〇〇年）三月一〇日、道照和尚が物化（物故）した。文武天皇は甚だ之を悼惜（死を悼み惜し）み、使を遣わし弔（問）して即《すなわ》ち之に賻物《はぶりもの》（賭物　すぐれた者に与える金品。死者を弔って、その遺族に贈る金品。）を贈った。

和尚は河内國の丹比郡の人也。俗姓は船連、父・惠釋は少錦下。

和尚は戒行（戒をたもち、実践修行すること）を缺（欠）かさず、尤も忍行を尚び、甞《かつ》（嘗）て弟子が其（和尚）の性を究《きわめ》んと欲して、便器に竊《ひそか》（窃）に穴を穿った。被褥（布団）に汗（汚物）が漏れてしまった。和尚は乃《すなわ》ち微笑して曰く、放蕩小子（いたずら小僧）が人の寝床を汗（汚）したなと復た一言言っただけで竟無（終わ）った。

初め、孝徳天皇の白雉四年、遣唐使に随って入唐し、適《たま》ま玄奘三藏法師に遇（出）あって、師として業を受けた。玄奘三藏法師は特に愛して、同房に住い令《せ》しめて謂いて曰く、吾れ昔し西域に往きし時、路に在りて飢乏（食物が足りなくて飢え）るも、乞う可き村無く、忽《にわか》に一沙門（僧侶）有り、手に持っていた梨の実を、吾に与えてくれた、吾は之を食した。吾は自ら啖（食）らった後、氣力が日（日々）健やかになった。

今汝は是の梨を持った沙門也。又謂いて曰く、經論は深く妙であり、究めつくすことは難しい。禪流を學んで東土（日本）に傳（伝）えるに如《し》かず。和尚は玄奘三藏法師の教えを奉じて、禪定（禅の修行）を習い始め、悟る所稍《いささか》多し。後に遣唐使に随って歸朝、訣（別れ）に臨んで、玄奘三藏法師は所持する舍利、經論を以て咸《ことごと》く和尚に授けて曰く、人能く道を弘むる、今斯の文を以て附属すと、又一つの鐺子《なべ》を授けて曰く、吾れ西域從《よ》り自ら将（持）ち來る所なり、物を煎り病を養生する、神驗（人間の想像をこえた霊妙不可思議な現象）不《あら》ずということ無しと。

是に於いて和尚拝謝し、啼泣して辞す。登州に至るに及びて、使人（遣唐使たち）多く病む。和尚は鐺子《なべ》を出し、水を暖め粥を煮る、遍《あまね》く病徒に与うるに、當日に即ぐ差が出てきた。

既に纜《ともづな》を解き出帆し順風にして去る。海中に至るに比《ころ》（頃）、船漂蕩《ただよう》して進ま不《ざ》る者七日七夜。諸人怪みて曰く。風勢快好なれば、日を計りて本國に應到するに、船肯《あえ》て行か不《ざ》るは、計るに必ず意有らんと、卜《うらない》人曰く、龍王が鐺子《なべ》を得んと欲す。和上は之を聞いて曰く、鐺子《なべ》は此《こ》れは是《こ》れ玄弉三藏法師の施す所の者也、龍王何ぞ敢て之を索《もとめ》んと、諸人皆曰く、今鐺子《なべ》を惜んで与え不《ず》んば、恐くは船合わさりて（衝突して）魚の為に食はれんと、因りて鐺子《なべ》を取りて海中に抛《なげ》入る。

登時《すぐ》に船進んで本朝に還歸す。元興寺の東南隅に於《おい》て、別に禪院を建て住す。于時《とき》に天下の行業（仏道の修行）の徒、和尚に從りて禪を學ぶ、後に於いて天下に周遊し、路傍に井を穿ち、諸の津濟《しんさい》（済（渡し場）の處《ところ》に、船を儲けて橋を造る、乃《すなわ》ち山背國の宇治橋は和尚の創造する所の者也。

和尚周遊すること凡《およ》そ十有餘載、勅請有りて住禪院に還して止まる。坐禪すること故《もと》（旧）の如し。或いは三日に一たび起き、或いは七日に一たび起く。修忽《しゅうこつ》として香氣が房從《よ》り出ず、諸の弟子驚き怪みて、就いては和尚に謁するに、繩床《じょうしょう》（縄を張って作った腰かけ）に端座したまま、有氣息无（無）し（息絶えていた）、時に年七十有二歳、弟子等遺教を奉じて粟原に於て火葬す。天下の火葬は此從《よ》り始まる也。世傳に云く（代々伝わっていることには）、火葬が畢（終）わり、親族と弟子が相い争い、和上の骨を取りて之を歛（収）めんと欲するに、飄風忽ち《つむじかぜたちま》に起り、灰骨を吹颺（風に吹き上げられ）、終に其の處を知ら不《ず》。時の人焉《これ》を異《あやし》む。後に平城に都を遷す也。和尚の弟及び弟子等奏聞して、徒《た》だ新京（平城京）に於て禪院を建つる。今の平城右京の禪院是也。此の院に經論多く有り。書迹（書跡　書いた文字の跡）

は楷好して（それらはいずれも正確で好い）、並んで錯誤不《あら》ず、皆な和上の将《もち》來れる所の者也。

⑫安達（安達は中臣渠毎連《こめのむらじ》の子）については、中臣家の出身もあってか日本書紀には一一箇所に記録されており、役人としても学者としても粟田真人よりも評価されていたようであるが、数え年五一歳で薨去しており位階としては神祇伯《かんづかさのかみ》・直大貳止まりであった。

安達は、中臣連大嶋（藤原朝臣大嶋、葛原朝臣大嶋）の兄との説もある（根拠不明）が、天武天皇から天武天皇一〇年三月一七日、「帝紀および上古の諸事を記し校定させられた。」、天武天皇一〇年一二月二九日、粟田真人らとともに「小錦下の位を授けられた。」との記述から、遣唐使として長安に学び学者としても高い評価を受けた内大臣（中臣鎌足）の長子・定恵や粟田真人の記録から中臣連大嶋（藤原朝臣大嶋、葛原朝臣大嶋）は安達と解するのが相当だと判断する。

天武天皇一〇年三月一七日、天皇は大極殿にお出ましになり、川嶋皇子《かわしまのみこ》、忍壁皇子《おさかべのみこ》、広瀬王《ひろせのおおきみ》、竹田《たけだの》王《おおきみ》、桑田王《くわたのおおきみ》、三野王《みののおおきみ》、大錦下の上毛野君三千《かみつけののきみみちぢ》、小錦中の忌部連首《いんべのむらじおびと》、小錦下の阿曇連稲敷《あずみのむらじいなしき》、難波連《なにわのむらじ》大形《おおかた》、大山上の中臣連大嶋《なかとみのむらじおおしま》、大山下の平群臣子首《へぐりのおみこびと》に詔《みことのり》し（命）令して、帝紀および上古の諸事を記し校定させられた。大嶋《おおしま》と子首《こびと》が自ら筆をとって（記）録した。

天武天皇一〇年一二月二九日、田中臣鍛師《たなかのおみかぬち》、柿本臣猨《かきもとのおみさる》、田部連国忍《たべのむらじくにおし》、高向臣麻呂《たかむくのおみまろ》、粟田臣真人《あわたのおみまひと》、物部連《もののべのむらじ》麻呂《まろ》、中臣連大嶋《なかとみのむらじおおしま》、曽禰連韓犬《そねのむらじからいぬ》、書直《ふみのあたい》智徳《ちとこ》ら合わせて一〇人（舎人造《とねりのみやつこ》の糠虫《ぬかむし》は、少し遅れて）に、小錦下の位を授けられた。

天武天皇一二年一二月一三日、諸王五位の伊勢王《いせのおおきみ》、大錦下の羽田公八国《はたのきみやくに》、小錦下の多臣品治《おおのおみほんじ》、小錦下の中臣連大嶋《なかとみのむらじおおしま》と判官、録史《ふびと》、工匠《たくみ》などを遣わし、全国を巡行し諸国の境界を区分させたが、この年、区分は出来上がらなかった。

天武天皇一四年九月一八日、天皇は大安殿《おおあんどの》（内裏の正殿）に御出ましになり、王卿らを殿前に召して博戯（双六などのかけごと）をされた。この日、宮処王《みやところのおおきみ》、難波王《なにわのおおきみ》、竹田王《たけだのおおきみ》、三国真人友足《みくにのまひとともたり》、県犬養宿禰大侶《あがたのいぬかいのすくねおおとも》、大伴宿禰御行《おおとものすくねみゆき》、境部宿禰石積《さかいべのすくねいわつみ》、多朝臣品治《おおのあそんほんじ》、采女朝臣竹羅《うねめのあそんつくら》、藤原朝臣大嶋《ふじわらのあそんおおしま》の合わせて一〇人に、ご自身の衣と袴を賜わった。

天武天皇朱鳥元年春正月～是の月に、新羅の金智祥に饗を賜わるために、浄広肆の川内王《かわちのおおきみ》、直広参の大伴宿禰安麻呂、直大肆の藤原朝臣大嶋、直広肆の境部宿禰鯯魚《このしろ》、直広肆の穂積朝臣虫麻呂を筑紫に遣わした。

天武天皇朱鳥二年九月四日、親王以下諸臣に至るまで悉く、川原寺に集い、天皇の御病平癒の為に誓願した云々。九日天皇の病ついに癒えず、正宮で崩御された。～二七日～是の日に肇《はじめ》（初）て奠《みけ》（死者への供えもの）を奉って、誄《しのび》した。～次に直大肆の藤原朝臣大嶋が兵政官のことを誄《しのび》した。

持統天皇元年八月五日、殯宮《もがりのみや》に嘗《なおらい》（新穀をお供えする）をした。此れを御青飯《あおきもの》と曰う。～二八日、持統天皇は直大肆の藤原朝臣大嶋と直大肆の黄書連大伴《きふみのむらじおおとも》に命じ、三〇〇人の高僧たちを飛鳥寺に招き、各人に袈裟を一揃いずつ施された。「これは天武天皇の御服で縫い作ったものである」と曰われた詔《みことのり》の言葉は悲しく心を破り、詳しく述べるに堪えなかった。

持統天皇二年三月二一日に、花縵《はなかずら》を殯宮《もがりのみや》に奉った。

藤原朝臣大嶋が誄《しのび》した。

持統天皇四年春正月一日に、物部麻呂朝臣が大楯《おおたて》を樹（立）て、神祇伯《かんづかさのかみ》の中臣大嶋朝臣が天つ神の寿《よ》詞《ごと》を読みあげた。

持統天皇五年一一月一日、大嘗祭を行ない、神祇伯《かんづかさのかみ》の中臣朝臣大嶋が、天つ神の寿詞《よごと》を読んだ。

持統天皇七年（西暦六九三年）三月一一日、直大貳の葛原朝臣大嶋に賻物《はぶりもの》（賭物　すぐれた者に与える金品。死者を弔って、その遺族に贈る金品。）を賜わった。享年五一歳であったと思われる。
⑮氷連老人については、日本書紀白雉五年（西暦六五四年）の条に、次の記載がある。
伊吉博得《いきのはかとこ》言わく、學問僧恵妙《えみょう》は唐で死に、知聰《ちそう》は海で死に、智國《ちこく》は海で死に、智宗《ちそう》は庚寅の年（持統四年）に新羅船に付いて歸る。覺勝《かくしょう》は唐で死に、義通《ぎつう》は海で死に、定恵は乙丑年（西暦六六五年、唐の麟徳二年、天智天皇四年）に劉徳高等船に付いて歸る。妙位・法勝・⑮學生氷連老人《ひのむらじおきな》・高黄金ら幷（合せて）一二人、別に倭種韓智興・趙元寶が今の年に使人と共に歸った。
⑰義徳については、持統天皇四年（西暦六九四年）の条に、次の記載がある。なお、乙丑年（西暦六六五年、唐の麟徳二年、天智天皇四年）に劉徳高の船に付いて帰国した⑮學生氷連老人と天智天皇一〇年に記録された四人の捕虜（土師連富杼・氷連老・筑紫君薩夜麻・弓削連元寶兒）中の氷連老と同一人

物との説もあるが、帰国した年が明らかに異なるので違う人物である。

持統天皇四年（西暦六九四年）九月二三日に、大唐學問僧智宗、⑰義德、淨願、軍丁筑紫國上陽咩郡大伴部博麻、新羅の送使である大奈末《だいなま》・金高訓《きんこうくん》らに従って、筑紫に帰国した。

冬一〇月一〇日に、大唐学問僧・智宗らが京師《みやこ》についた。一五日に、使者を遣わして、筑紫大宰・河内王らに詔《みことのり》して曰く、「新羅の送使である大奈末・金高訓らの饗応に、学生の土師宿禰甥らを送り、送使の饗えに準ぜよ。その慰労と賜物は、詔書に示されたことに従え」と。二二日に、軍丁（兵士である）筑後国上陽咩郡《かみつやめのこおり》の人である大伴部博麻《おおともべのはかま》に詔《みことのり》して、「斉明天皇の七年、百済救援の役で、汝は唐の捕虜とされた。天智天皇の三年になって、土師連富杼、氷連老、筑紫君薩夜麻、弓削連元宝児の四人が、唐人の計画を朝廷に奏上しようと思ったが、衣食も無いために京師《みやこ》まで行けないことを憂えた。是に於て、博麻は土師富杼らに語って、『私は皆と一緒に朝廷に行きたいが、衣食もない身で叶わないので、どうか私を奴隷に売り、その金を衣食にあててくれ』と言った。富杼らは博麻の計に従って、日本へ帰ることができた。汝は一人他国に三〇年も留まった。朕は、おまえが朝廷を尊び国を思い、己を売ってまで、忠誠を示したことを喜ぶ。それゆえ、務大肆の位に合わせて、絁《ふときぬ》五匹、綿一〇屯、布三〇端、稲千束、水田四町を与える。その水田は曽孫まで引き継げ。課役は三代まで免じて、その功を顕彰する。

一一月七日、送使・金高訓らにそれぞれ物を賜わった。

⑱學生坂合部連磐積《さかいべのむらじいわつみ》については、日本書紀に次の記録がある。

天智天皇四年（西暦六六五年）九月二三日、唐國が朝散大夫・沂州司馬上柱国・劉徳高らを遣わしてきた。等と謂うのは右戎衛郎将・上柱国百済禰軍・朝散大夫柱国である郭務悰 凡《およ》そ（全部で）二五四人、七月二八日に対馬に至る。九月二〇日、筑紫に至り、二二日に表函を奉った。冬一〇月一一日、菟道《うじ》で大閲兵をした。一一月一三日、劉徳高らを饗応した。一二月一四日、劉徳高らに物を賜わった。是の月、劉徳高らは罷り帰った。是の歳、小錦の守君大石等を大唐に遣わした、云々と。等と謂うのは、小山・坂合部連石積《さかいべのむらじいわつみ》、大乙・吉士岐弥・吉士針間を言う。蓋《けだ》し（推測するに）、唐の使者を送ったものであろう。

天智天皇六年（西暦六六七年）一一月九日、百済の鎮将・劉仁願は熊津都督府・熊山県令・上柱国司馬・法聡らを遣わして、大山下・境部連石積《さかいべのむらじいわつみ》らを筑紫都督府に送ってきた。

天武天皇一〇年（西暦六八一年）春正月七日、天皇は小殿に御向され、宴が行なわれた。是の日、親王、諸王を内安殿へお召しになった。諸臣は皆、外安殿に侍り、酒を振舞われ舞楽を見せられた。そして大山上・草香部吉士大形に、小錦下の位を授けられた。姓を賜わって難波連といった。一一日、境部連《さかいべのむらじ》石積《いわつみ》に勅して、六〇戸の食封《へひと》を与えられ、因りて絁《ふとぎぬ》三〇匹、綿一五〇斤、布一五〇端、钁《くわ》（鍬）一〇〇口を以て給う。

天武一一年（西暦六八二年）三月一三日、境部連石積《さかいべのむらじいわつみ》らに命じて、更に肇《はじめ》て新字《にいな》（日本最初の辞典）一部四四巻を造らしむ。

天武天皇一四年九月一八日、天皇は大安殿《おおあんどの》（内裏の正殿）にお出ましになり、王卿らを前に召して博戯《はくぎ》

（双六などのかけごと）をされた。この日、宮處王、難波王、竹田王、三国真人友足、県犬養宿禰大侶、大伴宿禰御行、境部宿禰石積《さかいべのすくねいわつみ》、多朝臣品治、采女朝臣竹羅、藤原朝臣大嶋の合わせて一〇人に、ご自身の衣と袴を賜わった。

内大臣中臣鎌足の長男である定恵を一一歳で危険を冒してまで渡唐させた理由

内大臣中臣鎌足の長男を出家させて一一歳で渡唐させているが、現代でいうと小学校三年生～四年生である。こんな子どもを、それも大化の改新の中核人物である中臣鎌足の長男をなぜ危険を押して渡唐させたのか。それも神祇官・中臣家の一族の子を別にもう一人、僧に出家させ、渡唐させている。どのような事情があったのか。乙巳の変（大化の改新）では日本に仏教を取り入れた勢力である蘇我馬子の一族を滅している。

中臣鎌足は薨去後、多武峯《とうのみね》略記に、「最初は摂津国安威（現在の大阪府茨木市大織冠神社）に葬られたが、後に大和国の多武峯《とうのみね》（談山神社）に改葬された。」との記述がある。大阪府茨木市大字安威の阿武山古墳で発見された棺に入っていた冠帽が、当時最高級の技術で作られ、金糸を織り込まれていることから、大織冠であり、埋葬人骨は藤原鎌足本人ではないかとも言われている。談山とは、中臣鎌足と中大兄皇子が、蘇我入鹿暗殺のための談合を多武峰で行ったことから、談《かたら》い山《やま》とされる。

定恵は中臣鎌足の長男として誕生しているが、談山神社の多武峯《とうのみね》縁起には、実は孝徳天皇の皇子であり、母は孝徳天皇即位前の軽皇子時代の寵姫である車持与志古娘《くらもちのよしこのいらつめ》との記載があり、多武峯略記には、鎌足が車持与志古娘を賜った際には妊娠六か月であり、四カ月後に生まれたとの記載がある。（時に夫人、孕むこと已に六箇月。詔して曰ふ、「生まれる子、若し男ならば臣（中臣鎌足）の子と為せ。若し女なれば朕の子と為す。」と。堅く守りて四箇月を送る。生まれし子男なり。故に大臣（中臣鎌足）の子と為す。）

孝徳天皇の子であれば、皇位継承権を有することになり、天智天皇と天皇位を争う可能性を秘めており、現実に孝徳天皇の子である有間皇子は斉明天皇四年（西暦六五八年）一九歳の時に、斉明天皇への謀反計画が発覚したとして、処刑されている。

中臣鎌足は、定恵が政争に巻き込まれないよう、神祇官の一族であるにも関わらず命を長らえさせるために出家させ、唐で学問を修めさせ学者として皇位争いに巻き込まれないようにしようとしたのではないかとも思われる。

中臣鎌足の長男で孝徳天皇の落胤である可能性のある定恵を一人で渡唐させるのではなく、同じ年頃の利発な子供を数人同行させていたと考えるのが順当ではないか。

神祇を司る一族である中臣一族から中臣鎌足の長男・定恵だけでなく、中臣渠毎連の子・安達と二人も僧にして学問僧として渡唐させているが、安達も一一歳であったと思われる。同じ学問僧・道灌（栗田真人）も経歴を見ると安達とほぼ同じような昇任をしていることから同じく一一歳で渡唐したと思われる。

定恵は、日本書紀の記録では、百済が滅亡（西暦六六〇年）し、倭国から百済復興のための援軍が白村江の戦いで全滅（西暦六六三年）したのち、乙丑年（西暦六六五年、唐の麟徳二年、天智天皇四年）九月二三日唐の使者・劉徳高の船に乗船して帰国している。

唐も倭国・日本の最高の大臣の長男を丁重に扱い、在唐時は最高の教育を授け、帰国時も特別待遇で帰国させたと思われる。このとき一二人が一緒に帰国したとの記録があるので、中臣安達や粟田真人もこの時に帰国したと思われる。

数え年一一歳から唐で一二年間勉学にいそしみ、数え年二三歳（満年齢で二二歳。現代では大学四年生）での帰国であった。

定恵、中臣一族の安達、粟田真人ら同世代の学問僧らは唐・長安の懐徳坊にある慧日道場に寄宿し、玄奘の弟子の神泰法師に師事。起居を共にして勉学に励んだ。唐も最高の教育を施した。安達と道灌（真人）は定恵の付き人というより同級生の親友のような存在であった。安達も道灌（真人）も帰国後還俗し、安達は中臣大嶋として中臣一族の神祇の職に戻っている。

天武天皇が帝紀及上古諸事編纂を命じた中に大山上・中臣連大嶋がいるが、中臣渠毎連《こめのむらじ》の子なので中臣連大嶋は安達だと思われる。中臣連大嶋は、天武天皇が崩御した朱鳥元年（西暦六八六年）の時、直大肆（従五位下相当）・藤原朝臣大嶋として兵政官事について誄《しのび》し、持統四年、五年には神祇伯の職にあり、そして持統七年（西暦六九三年）三月、直大貳（従四位上相当）・葛原朝臣大嶋に賻物《はぶりもの》（賭物　すぐれた者に与える金品。死者を弔って、その遺族に贈る金品。）を賜るという記載があり、数え年の五一歳で亡くなっていると思われる。

定恵は学者として唐で最高の教育を受け、帰国後は唐との戦争で敗戦した倭国を立て直し、唐の文化、文物、制度を日本に取り入れることを期待されていたが、日本に帰国した三か月後に飛鳥の大原の鎌足邸で突然死去している。

「百済の士人、窃かに其の能を妬みて毒す」と藤氏家伝《とうしかでん》には記録されている。天智天皇が毒殺し、百済人が毒殺したとの噂をたてたとの説もあった。定恵は天智天皇が驚くような優秀な僧・学者となって帰国した。定恵が孝徳天皇の子であり、中臣鎌足が支持すれば皇位継承権を有することになる危険性があるので天智天皇が早いうちに除いた可能性をぬぐい切れない。

藤原仲麻呂（恵美押勝）が天平宝字四年（西暦七六〇年）に編纂した藤氏家伝《とうしかでん》（藤原家に代々伝えられてきた、藤原氏の伝記）

藤原仲麻呂は、左大臣・藤原武智麻呂の次男。藤原武智麻呂は藤原不比等の長男。藤原南家の祖。天平九年（西暦七三七年）の天然痘の流行で藤原不比等の子で藤原四家の祖である武智麻呂（南家）、藤原房前（北家）、藤原宇合（式家）、麻呂（京家）の四人が相次いで天然痘で病死。仲麻呂は藤原不比等の娘で聖武天皇の光明皇后（藤原光明子）、従兄妹で皇太子だった阿倍内親王（孝謙天皇　天平勝宝元年

（西暦七四九年）聖武天皇の譲位により即位。）の信任が厚かった。孝謙天皇は、藤原仲麻呂の進言に従って、天平宝字二年（西暦七五八年）に淳仁天皇に譲位。同時に孝謙天皇は、太上天皇（孝謙上皇）となった。淳仁天皇から、仲麻呂の一家は姓に恵美の二字を付け加えられるとともに、仲麻呂は押勝の名を賜与された。天平宝字四年（西暦七六〇年）に仲麻呂は皇族以外で初めて太師（太政大臣）に任じられ藤氏家伝を編纂したが、この頃から病を患った孝謙上皇は自分を看病した道鏡を寵愛するようになった。仲麻呂は淳仁天皇を通じて、孝謙上皇に道鏡との関係を諫めさせた。これが孝謙上皇を激怒させ、上皇は出家して尼になるとともに淳仁天皇から大事・賞罰の大権を奪うことを宣言。孝謙上皇・道鏡と淳仁天皇・仲麻呂との対立は深まり、危機感を抱いた仲麻呂は、天平宝字八年（西暦七六四年）軍事力の掌握を企てるが、孝謙上皇が皇太子・阿倍内親王時代の天平一五年（西暦七四三年）に従四位下・春宮大夫兼春宮学士に叙任されて、皇太子・阿倍内親王の指導・教育に当たった吉備真備の策で先手を打たれ敗死した。孝謙上皇は淳仁天皇を廃して孝謙上皇は事実上、皇位に復帰した。孝謙上皇が重祚したので称徳天皇と呼ばれるようになる。

藤原仲麻呂が編纂した藤氏家伝には、仲麻呂の曽祖父・中臣鎌足、中臣鎌足の長子・定恵（貞慧）、仲麻呂の祖父である藤原不比等の長子で仲麻呂の父・藤原武智麻呂《ふじわらのむちまろ》の三名の事績が記載されている。藤原不比等の事績の記載はない。

藤氏家伝に記録された定恵（貞慧）。

貞慧、性聰明にして学を好めり。大臣（内大臣・中臣鎌足）は異《ことな》びて（普通でない）と、以為《おも》へらく（思うには、考えるには）、堅《かた》き鉄有りと雖《いえど》も、鍛冶《たんや》するに非ずば、何ぞ干将《かんしょう》（干将・莫耶《ばくや》。中国における名剣）の利（よく切れること）を得む。勁《つよ》き箭（矢）有りと雖も、羽括《うかつ》（羽と括、羽と矢はず（矢の上端の弦を受ける所）（鏃礪括羽《ぞくれいかつう》（現状に満足せず、学識に磨きをかけて、さらにすぐれた人材になること。「鏃礪」は矢の先にやじりをつけて、それを研いで鋭くすること。「括」は弦を受ける矢の部分、矢筈。「羽」は矢羽。竹にやじりや矢筈、矢羽をつけて矢を作るという意味。）するに非ずば、詎《いずくんぞ》（何ぞ）会稽（会稽山に産する竹で造った矢）の美と成らむ」と以為《おも》へり。

仍《よ》りて（よって）（中臣鎌足は）膝下の恩（親子の情愛）を割きて、遥かに席上の珍（教養知識）を求めしめき。故《かれ》て（そこで）、白鳳五年甲寅の歳次（年）を以て、聘唐使《へいとうし》（遣唐使）に随ひて長安に到り、懐徳坊の慧日道場に住ひき。神泰法師を和上（師僧）と作すに依れり。則ち唐主（唐の高宗皇帝）の永徽四年に、時に年十有一歳なり。始めて聖の道を鑽《うが》ちて（物事の道理を深くきわめる。研鑽。）、日夜怠らず、師に従ひて遊学すること十有余年。既に内経（仏教の書籍。仏典。内典。）に通し、また外典（仏教以外の典籍。主として儒学の教典。）を解せり。文章は観るべく、藁隷《かうれい》（藁（草書体）・隷（隷書体・楷書体）は法《のり》とる（正しいしかた・方法である法にかなった筆使い。）。白鳳一六年歳次乙丑の歳次（年）の秋九月を以て、百斉（百済）より経て京師《みやこ》に来りぬ。其の百斉（百済）に在りし日に、詩一韻を誦《よ》みき。其の辞に曰はく、「帝郷（天子のいる都）は千里隔り、辺城（国境の城）の四望（四方の眺め）は秋なり」といふ。此の句警絶《けいぜつ》（警（警策　人に驚きをあたえるほどに詩文にすぐれている）絶（絶倫　抜群に優れている）にして、当時の才人も末を続ぐ（次の句を続ける）こと得ざりき（できなかった）。百斉（百済）の士人、窃《ひそ》かに其の能を妬みて毒すれば、其の年の一二月二三日を以て、大原の第（邸宅）に終りぬ（亡くなった）。春秋（寿命）二三歳なり。道俗（仏道に入っている人も俗世間の人も）涕（涙）を揮《ふる》い、朝野（朝廷と民間、官民）心を傷めり。

藤氏家伝《とうしかでん》には、乙丑年（西暦六六五年、唐の麟徳二年、天智天皇四年）帰国した三月後に定恵は二三歳で亡くなったと記録されているが、談山神社には、これとは別に、西暦六七八年に藤原不比等とともに藤原鎌足の供養のために十三重塔と講堂を建立したとの記録もある。

定恵（貞慧）の「通内経　亦解外典　文章則可観　藁隷則可法」「内経（仏教の書籍）に通し、また外典（仏教以外の典籍　主として儒学の教典。）を解し、文章は見みる価値があり相当なものであり、書体も藁（草書体）・隷（隷書体・楷書体）の正しいやりかた・方法である法にかなっている。」との記述は、唐書で真人のことを、「朝臣眞人粟田　貢方物　朝臣眞人者　猶唐尚書也　冠進徳冠頂有華蘤四披紫袍帛帯　眞人好學能屬文　進止有容」「粟田真人は、唐の宰相・尚書省の長官の尚書のようであり、進徳冠を冠り、頂に華蘤（花）四本を挿し、紫の袍に帛（絹布）の帯。真人はよく学び、文を屬（書）き、その容止は温雅で偉容があった。」と絶賛した記述を彷彿とさせる。

定恵、安達、真人の三人ともに学者としては最高のレベルに達したと思われる。

（今回のテーマから外れるので定恵に関わる記述はこの程度とする。）

定恵とともに唐で学び、一緒に帰国した学問僧や学生には定恵に代わって官吏・学者・僧として朝廷で活躍することを期待された。真人も安達も帰国後は最高の学者、知識人として日本の律令制度、日本書紀の編纂に活躍し、昇任も同等だった。

真人と安達は、その後天武天皇一〇年（西暦六八一年）（真人三九歳）に小錦下（後の従五位下相当）に叙任された。天武一〇年一二月二九日に小錦下に叙任された粟田臣真人、中臣連大嶋（安達）の他に、田中臣鍛師・柿本臣猨・田部連國忍・高向臣麻呂・物部連麻呂・曾禰連韓犬・書直智徳がいる。この中に定恵、安達、真人と一緒に、唐で学び、一緒に帰国した学問僧や学生の可能性があるが、日本書紀等では確認できない。

真人と安達は、帰国後天智天皇の飛鳥岡本宮で還俗し、下級官吏に任官した。

天智天皇は称制六年目の西暦六六七年に飛鳥岡本宮から近江大津宮に遷都し、天智七年（西暦六六八年）即位した。

遷都に伴い、真人と安達も近江大津宮に移動した。

天智一〇年（西暦六七一年）天智天皇が崩御すると、翌西暦六七二年皇太弟・大海人皇子が兵を挙げて大友皇子（弘文天皇）の近江朝に対して反乱した壬申の乱が勃発。

真人も安達も三〇歳でこの乱に巻き込まれたが、下級官吏の文官であったため乱後処分されていない。

日本書紀の記録

天智一〇年（西暦六七一年）一一月二三日に、大友皇子《おおとものみこ》は内裏の西殿の織物の仏像の前におられた。左大臣《ひだりのおとど》蘇我赤兄臣《そがのあかえのおみ》、右大臣《みぎのおとど》中臣金連《なかとみのかねのむらじ》、蘇我果安臣《そがのはたやすのおみ》、巨勢人臣《こせのひとのおみ》、紀大人臣《きのうしのおみ》が侍っていた。大友皇子《おおとものみこ》は手に香鑪《こうろ》をとり、まず立ち上って、誓盟《ちかい》して曰く、「六人は心を同じくして、天皇の詔《みことのり》を承ります。もし違背することがあれば、必ず天罰を受けるでしょう」云々と。そこで左大臣《ひだりのおとど》蘇我赤兄臣《そがのあかえのおみ》らも、手に香爐《こうろ》を取り、順序に従って立ち上り、泣いて誓盟《ちかい》して曰く、「臣《おみ》ら五人は殿下と共に、天皇の詔《みことのり》を承ります。もしそれに違うことがあれば、四天王が我々を打ち、天地の神々もまた罰を与えるでしょう。三十三天（仏の守護神たち）はこのことを証明し知らしめるだろう。子孫もまさに絶え、家門も必ず滅びるでしょう」云々と。～一二月三日、天皇は近江宮《おうみのみや》で崩御された。

年が明けた西暦六七二年皇太弟・大海人皇子による壬申の乱で大友皇子についた左大臣・蘇我赤兄臣は流罪となり、右大臣中臣金連は誅殺、蘇我果安臣は自殺、巨勢人臣は流罪となったが、紀大人臣は処罰されなかった。

翌天武天皇二年（西暦六七三年）、大海人皇子は飛鳥浄御原宮に遷都し即位した。

天武天皇は、豪族による合議体制から、天皇や皇族の権威・権力を高める政策を次々と実施。政権中枢を皇子らで占める皇親政治を開始し、大臣を置かず天皇中心の専制的な政治を行っていった。天武天皇は、その強力な政治意思を執行していくために、官僚制度とそれを規定する諸法令を整備していった。

このような官僚と法律を重視する支配方針は、支配原則が共通する律令制の導入へと帰着した。天武一〇年（西暦六八一年）、天武天皇は皇子・諸臣に対して、律令制定を命ずる詔を発令した。しかし、律令が完成する前の西暦六八六年に天武天皇が崩御したため、その皇后の鸕野讚良皇女《うののさららのひめみこ》（持統天皇）と皇太子の草壁皇子が律令事業を継承した。服喪があけた後に、草壁が次代天皇に即位する予定だった。しかし、草壁皇子は持統三年四月（西暦六八九年）に急死。飛鳥浄御原令が諸官司に頒布されたのは、その直後の同年六月である。

さらに、天武天皇は天皇の権威・権力を象徴する壮大な都を建設に着手したが、天武天皇崩御後は持統天皇が事業を引き継ぎ、藤原京の建設は、西暦六九四年に四年間の工期を経て完成。持統天皇は藤原京に遷都。

壬申の乱後、天武天皇に従って真人も飛鳥に戻り、飛鳥浄御原宮で官吏として働き、飛鳥浄御原令撰定の中心人物となり、藤原京建設にも関わった。

天武天皇の天皇中心の官僚と法律を重視する支配方針の中で、真人や安達の唐から帰国した留学僧、留学生たちは中核として重用されていく。

藤原京遷都後は、藤原京で諸制度の整備の実務に当たり、大宝律令撰定にも中核として関わった。

真人と安達は、天武天皇一〇年（西暦六八一年）に三九歳で小錦下（後の従五位下相当）に叙任され、真人は天武天皇一三年朝臣の姓《かばね》を賜い、天武天皇一四年（西暦六八五年、真人四三歳）には冠位四八階で小錦の上・中・下の三段階から、直大参・直広参・直大肆・直広肆の四段階に改められ、直大肆に叙任され（後の従五位下相当だが位階が一段上がっている）、持統三年（西暦六八九年）には筑紫大宰として隼人一百七十四人、布五十常、牛皮六枚、鹿皮五十枚を朝廷に献じ、新羅との外交にも当たり、文武天皇三年（西暦六九九年）には直大貳（従四位上相当）として山科山陵（天智天皇陵）造営に当たり、文武天皇・大宝元年（西暦七〇一年）遣唐執節使、文武天皇・大宝二年（西暦七〇二年）五月正四位下參議朝政、文武天皇・慶雲二年（西暦七〇五年）夏四月中納言、文武天皇・慶雲二年八月従三位、元明天皇・和銅八年（西暦七一五年）四月二五日に皇族や藤原家出身でないにもかかわらず正三位に叙任されている。

律令制度の下、正三位を授号されたのは粟田真人の前後では、藤原不比等が大宝元年（西暦七〇一年）五月三日に、天武天皇の皇孫長屋親王が霊亀二年（西暦七一六年）正月五日に正三位を授号されている。正三位は当時としては最高位に当たる。

真人は第二次遣唐使の学問僧として唐に派遣され、帰国後は官吏として順調に昇進するだけでなく、大宝律令撰定に刑部親王、藤原不比等に次ぐ立場で参画している。

官吏として唐の律令、文化、唐語に優れた最高の学者として遇された。

また、政治との関わりについても、藤原不比等との関係の深さも見逃せにできない。

中臣鎌足の長男・定恵は西暦六六五年帰国直後に死去しているが、定恵の親友であり起居をともにした真人は次男の不比等にとって一六歳年上の兄のような存在であり、学問の師でもあった。真人も不比等を本当の弟のように慈しみ、唐の文化、制度、唐語を指導したのではなかったか。

文武天皇四年（西暦七〇〇年）に、大宝律令撰定に当たったのは、続日本紀によれば浄大參（諸王一二階中第九位）刑部親王、直廣壹（諸臣四十八階中第十位　正四位下相当）藤原不比等、直大貳（諸臣四八階中第一一位　従四位上相当）粟田真人、直廣肆（諸臣四八階中第一六位　従五位下相当）伊岐博徳らである。この頃藤原不比等と粟田真人の朝廷での地位が逆転している。

また、日本書紀は、元正天皇の養老四年（西暦七二〇年）に完成。完成した時の責任者は舎人親王であるが、天武天皇は天武一〇年（西暦六八一年）三月一七日、川嶋皇子、忍壁皇子、廣瀬王、竹田王、桑田王、三野王、大錦下・上毛野君三千、小錦中・忌部連首、小錦下・阿曇連稲敷、難波連大形、大山上・中臣連大嶋（第二次遣唐使の学問僧・安達）、大山下・平群臣子首らに、帝紀及上古諸事編纂を命じたので編纂の開始はこのときである。

日本書紀の完成は、真人が薨去した翌年、藤原不比等が薨去した年であり、日本書紀は国際語である唐語を用いた漢文体で、しかも編年体によって編まれたので、唐語に通じた最高の知識人である真人や完成時の最高権力者である藤原不比等がその中枢として関わっていたと考えるのが相当である。

隋の時代までは中国の史書と日本の記録が食い違っていたが、武則天の唐（周）の時代になって、唐

（周）朝は倭国の国号の日本への変更を承認し、中国の史書と日本の記録が一致してくる。

この劇的な転換に第八次遣唐使（西暦七〇二年〜七〇四年）の遣唐執節使・粟田真人が果たした役割は大きい。

第四章
真人以前の中国の史書と日本書紀の記録は一致しない

この劇的な転換に粟田真人が果たした役割を詳述する前に、真人以前の中国の史書が日本書紀の記録と全く異なること、そしてその原因について触れておく必要がある。

中国の史書と日本の史書は隋の時代までは一致しない。

その最大の原因は、中国の朝廷で倭国をどのようにとらえているか、中国の史書に倭国や日本がどのように記録されているか、大和朝廷の日本は平安末期になるまで知るすべがなかったことによる。三国時代の魏の曹丕は、父の曹操の勢力を受け継ぎ、後漢の献帝から禅譲を受けて魏王朝を開いた。西暦二三八年邪馬台国の卑弥呼が第二代皇帝・曹叡（明帝）に初めて難升米らを中国の魏に派遣。明帝から親魏倭王の仮の金印と銅鏡一〇〇枚を下賜されている。

後漢の初代皇帝・光武帝の建武中元二年（西暦五七年）倭奴国、貢を奉じて朝賀す、使人自ら大夫（周の時代の官制度である卿・大夫・士を認識した上で）と称す、倭国の極南界（最南端）なり、後漢の初代皇帝・光武帝から、印綬（志賀島から出土した漢委奴国王印の金印）を以て賜わったこと、正始八年（西暦二四七年）女王・壹与が魏の第三代皇帝・曹芳に遣使したこと、五世紀の南北朝時代に倭の五王（讃、珍、済、興、武）が南朝の東晋、宋に使節を送り、倭の五王（讃、珍、済、興、武）が、宋、斉、梁から将軍号を授号されていたという最重要事項を日本書紀では認識すらしていない。

中国の朝廷にとって、史書の記録、特に周辺国の情報は、国防上国家の最高機密であり、図書を管理する秘書省に出入り出来ないと触れることすらかなわなかった。

唐朝になって日本人として史上初めて唐の科挙に及第し、秘書監に任じられた第九次遣唐使の留学生・阿倍仲麻呂《あべのなかまろ》（中国名・朝衡《ちょうこう》／晁衡《ちょうこう》）、次いで秘書監に任じられた第一二次遣唐大使・藤原清河《ふじわらのきよかわ》（中国名・河清《かせい》）は、秘書省の史庫で倭国及び日本の記録を目にすることが出来たと思われるが、日本側にその情報を伝えることはできなかった。報告したことが唐の朝廷に知られたときは反逆罪として問答無用に必ず誅戮される。

遣唐使を通じて、唐の多数の文物、書物を手に入れることはできたが、史書は唐の市場では入手できなかった。

唐は、玄宗皇帝の西暦七五五年から七六三年にかけて起こった安禄山と史思明による大規模な反乱（安史の乱）で国力が大きく低下した。

西暦八七四年の塩の密売人の黄巣、王仙芝の乱で大混乱し、黄巣の乱に加わっていた朱全忠が唐の官軍側に寝返って黄巣軍を長安から追い落とした。この戦功で朱全忠は、唐朝から左金吾衛大将軍・河中行営副招討使の地位を与えられ、宣武軍節度使に昇進した。また皇帝に忠誠を誓う意味である「全忠」の名を賜ったが、唐は朱全忠に西暦九〇七年に滅ぼされた。

絶対的な唐朝が倒れた後は、中国は大混乱に陥いった。

朱全忠は西暦九〇七年に(後)梁を建国したが、西暦九二三年に李存勗が唐・皇帝(荘宗)を名乗り(後)唐を建国、(後)梁を滅ぼした。(後)唐は、第二代皇帝・明宗の女婿・石敬瑭により西暦九三六年に滅ぼされた。石敬瑭は(後)晋を建てた。西暦九四六年、契丹(翌年に国号を遼とした)の太宗が(後)晋を滅ぼした。遼は中国を支配下に置こうとしたが、契丹の太宗は撤退。

西暦九四七年に石敬瑭の元側近の劉知遠が皇帝に即位して(後)漢を建てた。劉知遠は翌年に死去し、次男の劉承祐がその後を継ぐ。幼帝を担いだ側近達は有力者の排除を図り、次々と軍人達を誅殺していった。

反乱の鎮圧に出ていてこれを免れた(後)漢の枢密使の郭威は(後)漢を滅ぼし、西暦九五一年に自ら即位し(太祖)(後)周を建国。郭威は、家族が皆殺しにされてしまったために、郭威とともに行動していて難を逃れた義理の甥である柴栄(妻の柴氏の兄の柴守礼の子)が後継者(世宗)となった。西暦九五四年に即位した柴栄(世宗)である。世宗は五代の中で随一の名君とされる。世宗の死後、遺児である七歳の柴宗訓が後を継いだが、間もなく幼帝に不安を抱いた軍人たちは、遠征に派遣された軍中でその司令官であった殿前都点検（近衛軍長官）の趙匡胤を擁立した。ほとんど抵抗を受けずに開封に入った趙匡胤は、恭帝から禅譲を受けて宋を立てた（陳橋の変）。西暦九六〇年趙匡胤（太祖）が宋（北宋）を建国し、西暦九七六年弟の趙光義（太宗）が第二代皇帝に即位。太宗は太祖の方針を受け継いで統一を進め西暦九七九年に十国の北漢を滅ぼして統一。

西暦九〇七年に唐が滅びて、西暦九六〇年趙匡胤（太祖）が（北）宋を建国するまでの五三年間の間に王朝は五度代わっている。一王朝平均一〇年余であり、中国が大混乱したのである。

この間、華中、華南と華北の一部で興亡した地方政権が十国（前蜀・後蜀・呉・南唐・荊南・呉越・閩・楚・南漢・北漢）あった。この混乱の時代を五代十国時代という。

日本が、唐書及び唐書以前の中国の史書を目にすることが出来たのは唐朝が滅びたのち中国五代十国の（後）晋の第二代皇帝・石重貴（少帝）時代の西暦九四五年に完成・奏上された旧・唐書、趙匡胤が建国した宋の第四代皇帝・仁宗の西暦一〇六〇年に完成した新・唐書以降である。

宇多天皇の寛平六年（西暦八九四年）に、遣唐使派遣の危険性、派遣の意義の低下を受けて、菅原道真が派遣の廃止を提言し、遣唐使は廃止され、中国の朝廷との正式の国交は途絶える。正式国交は途絶えるが、日本は（北）宋との貿易を通じて、中国と交流した。

平安末期の白河天皇（在位西暦一〇七二年～一〇八六年）の頃、日宋貿易で著名な平清盛（永久六年

西暦一一一八年～治承五年西暦一一八一年）の頃には日本も唐書を入手出来るようになり、平安末期の貴族等知識人は、白村江の戦いの悲惨な敗戦の記録を目にして涙したと伝えられている。

日本の原点
第四章　真人以前の中国の史書と日本書紀の記録は一致しない

第五章 隋の使節・裴世清の記録について

隋の使節・裴世清については、日本書紀、隋書俀国伝に記録があるが、記載内容は全く異なっている。両書の記録を比較考証してみる。

中国の南北朝時代、倭国・日本は、南朝の宋、斉、梁と交流した。西暦五八一年に鮮卑の楊堅（隋の高祖）が北周から禅譲を受けて帝位に就き、隋を建国。西暦五八九年、隋は漢族の南朝の陳を滅ぼし、中国を再統一した。

南朝・梁書は第二代皇帝・太宗（李世民）の時代の貞観三年に、晋書及び隋書は唐の第二代皇帝・太宗（李世民）の勅を奉じて貞観一〇年（西暦六三六年）に勅撰されており、遣唐使は舒明天皇二年（西暦六三〇年）の第一次遣唐使・犬上御田鍬の派遣によって始まったので、舒明天皇の先代である推古天皇とほぼ同時代であるにもかかわらず、梁書及び隋書に記録された内容と日本書紀の内容は全く異なっている。隋書では俀国伝として記録されており、日本という国号は使用されていない。

倭国は歴代の中国の王朝の冊封を受けているが、大和朝廷の日本は冊封を受けていない。

（隋朝は西暦五八一年創朝、西暦六一八年滅亡）（日本の人名の読みは、岩波書店新装版による）

日本書紀での記録

推古天皇一五年（西暦六〇七年）秋七月三日、大禮・小野臣妹子《おののおみいもこ》を大唐《おおもろこし》（隋ではなく唐と記録されている。）に遣わされた。鞍作福利《くらつくりのふくり》を通訳とした。

推古天皇一六年（西暦六〇八年）夏四月、小野妹子は大唐から帰朝した。

唐国では妹子臣《いもこのおみ》を名づけて、蘇因高《そいんこう》と呼んだ。

大唐の使者である裴世清《はいせいせい》と下客（部下）の一二人が、妹子に従って筑紫に至った。

難波吉士雄成《なにわのきしのおなり》を遣わして、大唐の客である裴世清らを召された。

大唐の客のために、新しい館を難波の高麗館の近くに造った。

六月一五日、客たちは難波津《なにはづ》に泊った。

この日、飾船（かざりふね）三十艘で、客人を江口《えぐち》（大阪府中之島）に迎えて新館に入らせた。

ここにおいて、中臣宮地連《なかとみのみやどころのむらじ》鳥摩呂《おまろ》、大河内直糠手《おおしこうちのあたいあらて》、船史王平《ふねのふびとのおうへい》を接待係とした。

爰《ここ》に（このとき）、妹子臣は、「私が帰還の時、唐の皇帝（隋の煬帝）が書を私に授けました。ところが、百済国を通る時、百済人が探り、これを掠め取りました。このために、これをお届けすることができません。」と奏上した。

ここにおいて、群臣はこれを議って言った。「使者たるものは命をかけても、任務を果すべきであるのに、この使者はなんという怠慢で、大国の書を失うようなことをしたものか。流刑に処すべきである。」と。

しかし天皇は、「妹子が書を失った罪はあるが、輙《すなわ》ち（かるがるしい、軽々）に処罰してはならぬ。大唐の客人への聞えもよくない。」と勅《みことのり》して言われた。赦して罪とされなかった。

秋八月三日、唐の客は都へ入った。

この日、飾騎《かざりうま》七五匹を遣わして、海石榴市《つばきち》の術（路上）において迎えた。

額田部連《ぬかたべのむらじ》比羅夫《ひらぶ》がここに禮辭を述べた。

一二日、唐の客を朝廷に召して遣いの旨を奏（上）させた。阿倍鳥臣《あべのとりのおみ》、物部依網連《もののべのよさみのむらじ》抱《いだき》の二人を、客の案内役とした。ここにおいて、大唐の国の進物を庭の中に置いた。

使者の長である裴世清は、自ら書を持ち、二度再拝して、遣いの旨を言上して立った。その書には、

「皇帝から倭皇に挨拶を送る。倭の使者である長吏・大禮・蘇因高等が訪れて、よく倭皇の意を具《つぶさ》に伝えてくれた。私は天命を受けて天下に臨んでいる。徳化を弘めて万物に及ぼそうと思っている。含靈（人々）に覃《およ》び被《こうぶ》らしむ（受けさせようとする）、恵み育もうとする気持ちには、遐《とお》く邇《ちか》く隔《へだ》て無《な》し（土

地の遠近は関わりない)。倭皇は海の彼方にあって国民を慈しみ、国内は平和で人々も融和し、深い至誠の心があって、遠く朝貢することを知った。その丹款《まごころ》(誠意)が美(立派)であることを私は喜びとする。時節は稍《ようや》くに暄《あたたか》で、比《このごろ》は、如常《つねのごとし》(いつもの通り変わりはない)である。鴻臚寺《こうろじ》(外交を担当する役所)の掌客(外国使臣の接待役)である裴世清等を遣わして、稍《いささ》か送使の意を述べ、併せて別にあるような送り物を届ける。」とあった。

そのときに、阿倍《あべの》(鳥《とりの》)臣《おみ》が進み出て、その書を受けとり進むと、大伴囓連《おおとものくいのむらじ》が迎え受けて、天皇の前の机上に置いてこれを奏《もう》した。儀事が畢(終)って退出した。

このときには、皇子、諸王、諸臣は悉《ことごと》く皆、金の飾りをつけた冠を頭に着けた。また、衣服には皆、錦、紫、繡、織および五色の綾羅《あやうすはた》(織りの薄物)を用いた。一(ある)書に云く、服の色は皆、冠位の色を用いたとある。

一六日、唐客たちを朝廷で饗応された。

九月五日、客たちを難波の大郡《おおごおり》(外国使臣接待用施設)でもてなされた。

一一日、唐客である裴世清たちは罷《まか》り帰ることになった。また、送使として小野妹子臣を大使《おおつかい》とし、吉士雄成《きしのおなり》を小使《そいつかい》とした。(鞍作《くらつくりの》)福利《ふくり》を通訳とした。

爰《ここ》に天皇は、唐の皇帝に聘《とう》(たずねる)して言われた。

東の天皇が、謹《つつ》しんで西の皇帝に敬《つつしみ》て申し上げます。使者である鴻臚寺の掌客の裴世清らが、我が国に来り、久しく国交を求めていた我が方の思いが解けました。この頃、薄《ようや》く涼しい気候となりましたが、貴国はいかがでしょうか。悆《よ》（喜ぶ。楽しむ。のびのびとする。）お変りはないでしょうか。当方は比《このごろ》は如常《つねのごとし》（いつもの通り変わりはない）です。今、大禮・蘇因高（小野妹子）と大禮・乎那利《おなり》（難波吉士雄成）らを使者として遣わします。具《つぶさ》に意を尽くしませんが謹しんで申し上げます。」と。

このとき、唐に遣わされたのは、学生である倭漢直福因《やまとのあやのあたいふくいん》、奈羅訳語恵明《ならのおさえみょう》、高向漢人玄理《たかむくのあやひとのげんり》、新漢人《いまきのあやひとの》大圀《おおくに》、学問僧である新漢人日文《いまきのあやひとのにちもん》、南淵漢人請安《みなみぶちのあやひとのしょうあん》、志賀漢人慧隠《しかのあやひとのえおん》、新漢人広済《いまきのあやひとのこうさい》ら合せて八人である。

隋書俀国伝での記録

隋書俀国伝には、次のように記録されている。

大業三年（西暦六〇七年）、その王の多利思北孤《たりしほこ》は使者を派遣し朝貢した。使者は「海の西の菩薩のような天子が手厚く仏法を興隆させていると聞きましたので、朝拝に（私を）派遣するとともに、沙門（僧）数十人が仏法を学ぶために来ました。」と言った。その国書で、「日が出るところの天子、書を日の沈むところの天子に届けます。お変わりありませんか云云。」と曰（言）った。皇帝（煬帝）はこれを見て喜ばず、鴻臚卿（外務大臣）に「蛮夷の書で無礼のあるものは二度と聞かせるな。」と曰（言）った。

翌年、皇帝（煬帝）は文林郎の裴清を俀国へ使わした。～倭王は小徳の阿輩臺《あはたい》を派遣し、数百人を従え儀仗を設けて、太鼓や角笛を鳴らしやって来て迎えた。一〇日後、また大礼の哥多毗《かたび》を派遣し、二百余騎を従え、郊外で旅の疲れをねぎらった。既にこの国の都に到達した。

その王は裴世清と会見して大いに喜んで、「私は海の西に大隋という礼儀の国があると聞いて、使者を派遣し朝貢した。私は未開人で、遠く外れた海の片隅にいて礼儀を知らない。そのため内側に留まって、すぐに会うことはしなかったが、今、殊更に道を清め、館を飾り、大使を待っていた。どうか大国のすべてを改革する方法を教えていただきたい。」と。

裴世清は答えて言った「（隋の）皇帝の徳は天地に並び、沢《うるおい》は四海に流れています。王であるあなたが、隋の先進文化を慕うので、使者である私を派遣し、ここに来てお教えするのです。」と。対面が終わって引き下がり、裴世清は客館に入った。

その後、裴世清は人を遣って、その王に伝えた。「隋帝に命じられたことは既に果たしました。すぐに戒塗《かいと》（出発）することを願う。」と。そこで宴を設けてもてなし、裴世清を行かせた。また使者を裴世清に随伴させ、（隋へ）来て方物を貢いだ。このあと遂に交流は絶えてしまった。

隋の皇帝（煬帝）を激怒させた無礼で礼儀をわきまえない国書を送った俀国に使節として文林郎・裴世清を送ったのは、俀国の国情、国力調査のためではなかったか。

隋書に文林郎・裴世清が大和朝廷に至ったという記録はない。

三国史記の百済第三〇代武王九年に、「武王九年（西暦六〇八年）春三月～隋の文林郎の裴清が、倭國に使者として行く時、我國の南路を通った。）」との記録が残っている。

隋は、初代皇帝文帝・楊堅の西暦五九八年に高句麗に出兵した以降高句麗と緊張状態にあった。俀国が隋に使者を送った西暦六〇七年、隋が答礼使・文林郎・裴世清を送った西暦六〇八年春三月は休戦期であったが、高句麗の背後にある俀国、俀国の東に大和朝廷という別の和種の大勢力があることは隋朝廷も知っていたので、この大勢力が俀国の勢力下にあり、万一隋と俀国の間に紛争が発生した場合、俀国と合同して隋に対抗するか、隋の友好国となって俀国の背後を脅かす可能性があるか調査することではなかったか。

隋の高句麗に対する第一次遠征

西暦五九八年、高句麗の嬰陽王が遼西を攻撃した。隋の文帝楊堅は、三〇万の大軍で陸海両面で高句麗に侵攻したが、海軍は暴風に遭い撤退した。陸軍も十分な戦果を挙げられないまま、伝染病や補給不足のため撤退。

隋の高句麗に対する第二次遠征

西暦六一二年、隋の煬帝は、一一三万の大軍で高句麗に侵攻した。高句麗の将軍の乙支文徳の計略により薩水（清川江）で大敗。

隋の高句麗に対する第三次遠征

西暦六一三年、隋の煬帝は再び高句麗に侵攻したが、隋の国内で楊玄感が反乱を起こしたため撤退した。

隋の高句麗に対する第四次遠征

西暦六一四年、隋の煬帝は三たび高句麗に侵攻した。高句麗は度重なる戦争で疲弊していたため、楊玄感に内通し高句麗に亡命していた斛斯政《こくしせい》を隋の将軍の来護児《らいごじ》に引き渡した。隋も国内が乱れていたため和議を結んだ。高句麗は和議の一つであった隋への朝貢を実行せず、これに隋は激怒し再度の遠征を計画したが国内の反乱のため実行することはできなかった。

三国史記・百濟本紀の記録では、第三〇代武王九年（西暦六〇八年）春三月の条に、「武王が使者を隋に派遣し、朝貢した。隋の文林郎の裴清が、倭國に使者として行く時、我國の南路を通った。」との記録があり、さらに隋と唐を正確に分けて記録している。武王一三年（西暦六一二年）の条では隋と記録し、隋が西暦六一八年滅亡した以後の記録である武王二二年（西暦六二一年）の条では、冬一〇月に、使者を唐に遣わせて、果下馬《かかば》（中国原産の小型の馬。ポニー）を献上したと記録している。）

第三〇代　武王（在位：西暦六〇〇年～六四一年）

武王は、諱《いみな》は璋という。法王の子である。容姿が立派で、志や気力も豪傑であった。法王は、即位の翌年に薨じたので、子の武王が位を継いだ。

武王八年（西暦六〇七年）春三月に、五品である扞率《はんそつ》・燕文進を隋に派遣し、朝貢した。また、一品である佐平《ちゃぴょん》・王孝隣も隋に派遣し、朝貢させると共に、高句麗討伐を願い出た。隋の煬帝は、この願いを許し、高句麗の動静を監視するよう命じた。夏五月に、高句麗は、松山城に来攻したが落城させることができずに、石頭城を襲撃し、男女三千人を捕虜にして戻った。

武王九年（西暦六〇八年）春三月に、使者を隋に派遣し、朝貢した。隋の文林郎の裴清が、倭國に使者として行く時、我國の南路を通った。

武王一二年（西暦六一一年）春二月に、使者を隋に派遣し朝貢した。隋の煬帝はちょうど高句麗を征伐するところだったので、百濟王は、國智牟を派遣して、軍機情報の入手を願い出た。隋の帝は、悦《よろ》こんで、沢山の品物を与えた。隋帝は、尚書・起部郎・席律を派遣してきて、百濟王と相談させた。八月に、赤嵒城を築いた。一〇月に、新羅の椵岑城を取り囲み、城主の讃徳を殺害し、椵岑城を滅ぼした。

武王一三年（西暦六一二年）、隋の六軍《りくぐん》（中国、周代の軍制で、天子の統率した六個の軍。一軍は一万二千五百人。六師。）が、遼河を渡ったので、王は兵を国境に集めた。百濟は、口では隋を助けると言っていたが、実際は両方（隋と高句麗）を天秤に懸けていた。夏四月に、宮の南門に落雷があった。五月に、大水があり、人家を壊し、押し流した。

武王二二年（西暦六二一年）冬一〇月に、使者を唐に遣わせて、果下馬《かかば》（中国原産の小型の馬。ポニー）を献上した。

武王二五年（西暦六二四年）春正月に、大臣を唐に派遣して朝貢した。高祖はその誠実さを褒めて、使者を派遣してきて、帯方郡王・百濟王に冊封した。秋七月に、使者を唐に遣わして朝貢した。

日本書紀の記録の疑義

日本書紀の該当記録は前記の通りであるが、次の五点で疑義がある。
一　推古朝が交流したとするのは大唐国であり、推古一五年（西暦六〇七年）には唐は成立していない。（唐朝は、西暦六一八年創朝、九〇七年滅亡。）
一　推古天皇が「東天皇敬白西皇帝」という国書を送ったとすれば、天子は天下に一人しかいないと考える中国の皇帝（煬帝）の怒りにさらに火に油を注ぐことになる。
一　隋書俀国伝には、俀国には「阿蘇山がある。その石は理由もなく火がおこり天にとどく。人々はわけのわからないことだとして、祈って祭る。」と記録されているが、九州から大和朝廷までの紀行の記録がない。
一　妹子は、推古天皇一六年（西暦六〇八年）六月に小野妹子は唐の皇帝（煬帝）の書を掠め取られたと報告しているにもかかわらず、小野妹子に同道した裴世清は同年八月には国書を倭皇に奉呈している。

一　裴世清を隋に送り届ける送使として大使・小野妹子、小使・難波吉士雄成、通訳・（鞍作）福利の他に學生、學問僧ら八人を派遣しているが、その中に新漢人大圀《いまきのあやひとのおおくに》がいる。この圀の字は唐（周）朝の武則天が正式に皇帝に即位し、元号を天授に改元した西暦六九〇年以降に創字された則天文字である。にも関わらず、推古天皇一六年（西暦六〇八年）の記録で使用されている。

「圀」の字は養老元年（西暦七一七年）第九次遣唐使で阿倍仲麻呂らとともに渡唐し、天平七年（西暦七三五年）に帰朝した吉備真備がもたらしたと思われ、吉備真備の父親の名前「下道圀勝」に初めて使用されている。

隋以前の倭国は唐代の日本とは別の国としか思えない。

遣唐使は、舒明天皇二年（西暦六三〇年）の第一次遣唐使・犬上御田鍬の派遣によって始まった。

日本書紀の記録

舒明天皇二年（西暦六三〇年）秋八月五日、大仁・犬上君《いぬかみのきみ》三田耜《みたすき》、大仁・藥師《くすしの》恵日《えにち》を以て、大唐に遣わした。

四年（西暦六三二年）秋八月、大唐は高表仁を遣わし、三田耜《みたすき》を送らせ、共に對馬に泊った。是の時、學問僧の靈雲と僧旻、及び勝鳥養《すぐりのとりかい》、新羅の送使等が之に従った。冬一〇月四日、唐國の使人である高表仁等が難波津に泊った。則ち、大伴連馬養《おおとものむらじうまかい》を遣わして、江口に迎えさせた。船三二艘、及び鼓を打ち、笛を吹き、旗幟を皆具《とも》に整え飾り、便《そし》て高表仁等に告して曰く、（唐の）天子の命ずる所の使が天皇の朝（廷）に到ったと聞き、之を迎える時、高表仁は對して曰く、風寒の日に、船艘を飾って整え、以て之を迎て賜わり、歡（喜）び愧（恐縮）也、是に於いて、難波吉士小槻《なにわのきしのおつき》、大河内直矢伏《おおしこうちのあたいやふし》に令（命）じて、導者と爲し、館の前に到る。乃び伊岐史《いきのふびと》乙《おと》等、難波吉士八牛《なにわのきしのやつのうし》を遣わし、引して客等を館に入れ、即日神酒を給した。

五年春正月二六日、大唐の客である高表仁等が歸國した。送使の吉士雄摩呂《きしのおまろ》と黑摩呂《くろまろ》等は對馬に到って還った。

晋書、南朝・梁書及び隋書編纂に関わった唐朝廷から、犬上御田鍬らは日本の記録と隋朝以前の倭の記録の違いについてしつこく問い質されたと思われる。隋書俀国伝は、唐の第二代皇帝・太宗の貞観二年（西暦六二八年）勅命で編纂されたばかりである。

（唐の太宗及び第三代皇帝の高宗初期までは倭からの使者には北部九州の倭国と大和朝廷の日本国からの使者の二つの流れがあり、百済滅亡及び白村江の海戦で倭・百済復興軍の連合軍全滅させられるまでは、北部九州の倭国が正当な使節と扱われたのではないか。）

隋書を編纂した唐・第二代皇帝・太宗の朝廷は、倭を隋書俀国伝として整理し、太宗からの唐書では倭国伝と日本伝の二本にまとめたと判断される。旧・唐書ではこの二本の流れが記録され、新・唐書では倭・日本伝の一本にまとめ、日本は古（昔）は倭と記録した。

推古朝の日本書紀の記録は唐・朝廷とのやり取りの中で隋書の記録を知った大和朝廷が後付けで挿入したのではないか。

なお、日本書紀では倭女王卑弥呼を神功皇后に当てて記述している。（歴史的には六〇年で一回りする干支二回り分一二〇年遡及させていると思われる。）

神功皇后三九年、この年、太歳《たいさい》が己未の年（西暦二三九年）である。

（太歳とは、木星の軌道を使って年を記述する紀年法。木星は天球上を西から東に約一二年で一周する。そのため木星は、天球を赤道沿いに一二等分した十二次を約一年に一次進むことになり、木星の十二次の位置で年を記述することが可能になる。しかし、十二次は西から東に天球を分割したもので、地上の方位（十二支）とは逆方向になる。このため、木星に鏡を当て、東から西へ移動する仮想の星を設定した。これが太歳である。こうすると干支と同じように、太歳の位置で年を記述する太歳紀年法。）

魏志倭人伝によると、明帝の景初三年六月に、倭の女王は大夫・難斗米《なしめ》らを遣わして帯方郡に至り、洛陽の天子にお目にかかりたいといって貢《こう》を持ってきた。太守の鄧夏《とうか》（魏志倭人伝では、太守・劉夏と記録されている）は役人をつき添わせて、洛陽に行かせた。

神功皇后四〇年、魏志にいう、正始元年。建忠校尉梯携らを遣わして、詔書や印綬をもたせ、倭国に行かせた。

神功皇后四三年、魏志にいう、正始四年。倭王はまた、使者の大夫・伊声者《いせき》・掖耶約《えきやく》ら八人を遣わして、献上品を届けた。

神功皇后六六年、この年は晋の武帝の泰初二年（西暦二六七年）である。晋の（天子の言行などを記した）起居注に、武帝の泰初二年一〇月、倭の女王が何度も通訳（外交）を重ねて、貢を献じたと記している。

魏志倭人伝中、下記の一部が日本に伝わり神功皇后の条に加筆されたものではないか。晋書は唐の貞観二〇年（六四六年）唐の二代皇帝・太宗の命により編纂され、貞観二二年（西暦六四八年）完成しているが、晋の（天子の言行などを記した）起居注がこの時に伝わったのではないか。なお、晋書には「泰始初遣使重譯入貢。（晋の）泰始元年（司馬炎）に遣使し、通訳を重ねて貢を納めた。」との記録がある。

景初二年（西暦二三八年）六月、倭の女王が大夫難升米等を遣わし、（帯方）郡に詣（参）り、天子に詣《もうで》り朝献したいと求めた。（帯方）郡の太守劉夏は役人を遣わし、京都（洛陽）まで送らせた。

其の年の一二月、詔書が倭の女王に報いて、親魏倭王卑弥呼と制詔する。帯方郡太守、劉夏が使を遣わし、汝の大夫、難升米、次使、都市牛利を送り、汝が献ずる所の男生口四人、女生口六人、班布二匹二丈を奉り、以て到る。汝の在る所は遠きを踰《こ》える。すなわち、使を遣わし貢献するは、これ汝の忠孝。我は甚だ汝を哀れむ。今、汝を以て親魏倭王と為し、金印紫綬を仮し、装封して帯方太守に付し、仮授する。汝は其れ種人を綏撫し、勉めて孝順を為せ。汝の来使、難升米、牛利は遠きを渉り、道路勤労す。今、難升米を以って率善中郎將と為し、牛利は率善校尉と為す。銀印青綬を仮し、引見して、労い、賜いて、還し遣わす。今、絳地交龍錦五匹、絳地縐粟罽十張、蒨絳五十匹、紺青五十匹を以って、汝の献ずる所の貢の直に答う。又、特に汝に紺地句文錦三匹、白絹五十匹、金八兩、五尺刀二口、銅鏡百枚、真珠鉛丹各五十斤を賜い、皆、装封して難升米、牛利に付す。還り到らば、録して受け、悉く、以って汝の国中の人に示し、国家が汝を哀れむを知らしむべし。故に、鄭重に汝の好物を賜うなり。

正始元年、太守、弓遵は建中校尉、梯儁等を遣わし、詔書、印綬を奉じて倭国に詣（参）り、倭王に拝仮す。並びに詔を齎《もたら》し、金帛、錦、罽《けい》（毛織物の敷物）、刀、鏡、采物を賜う。倭王は使に因りて上表し、詔恩に答謝す。

其の四年。倭王はまた使の大夫伊聲耆、掖邪拘等八人を遣わし、生口、倭錦、絳青縑、緜衣、帛布、丹、木拊短弓、矢を上献す。掖邪狗等は率善中郎将と印綬を壱拝す。

其の六年、詔して倭、難升米に黄幢を賜い、郡に付して仮授す。

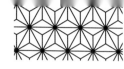

第六章
粟田真人ら第八次遣唐使が入唐した時の日本の情勢

粟田真人ら第八次遣唐使が入唐した理由を検証するには、斉明天皇六年（西暦六六〇年）に百済が唐により滅亡し、その後百済復興運動支援のために派兵した倭国の軍が、天智天皇のときに倭国史上初めて中国の王朝と戦い、白村江の役で全滅に近い形で敗戦。その後の天智天皇崩御後に起こった壬申の乱に言及せざるを得ない。

斉明天皇六年（西暦六六〇年、唐の高宗・顕慶五年）百済が唐により滅亡し、斉明天皇七年（西暦六六一年）百済復興運動支援のため筑紫の朝倉の宮に遷幸していた斉明天皇が崩御。

天智天皇の称制二年（西暦六六三年、唐の高宗・龍朔三年）百済の白村江の戦いで百済復興軍を支援した倭国軍は、唐と直接交戦し、全滅したが、この前後の日本書紀の記録を見ると、天智天皇は百済復興軍の支援にほとんど関わっていないように見える。あろうことか白村江の戦いの直前に難波経由飛鳥に還っている。

斉明天皇七年（西暦六六一年）七月二四日、斉明天皇が朝倉宮に崩御され、恵蘇八幡宮で偲び（服喪）し、八月一日、皇太子（中大兄皇子《なかのおおえのみこ》）は天皇の喪をつとめ、磐瀬宮《いわせのみや》に還られた。この夕に、朝倉山の上に鬼が現れ、大笠を着て喪の儀式を臨み覗ていた。人々は皆怪しんだ。冬一〇月七日、天皇の喪（遺骸）を帰そうと海に就航しました。二三日、天皇の遺骸は、還って難波に泊った。一一月七日、天皇の遺骸を飛鳥川原《あすかのかわら》に殯《もがり》した。この日から九日まで悲しみの発哀《みね》を捧げた。（朝倉山の上に現れた大笠を着て喪の儀式を臨み覗ていた鬼とは、百済復興を支援し、唐・新羅連合軍との戦争が始まろうとする直前に敵前逃亡ともみなされかねない撤退する大和朝廷の支配者らを監視する倭国王（筑紫の君・薩夜麻）の監視兵ではなかったか。）

斉明天皇七年（西暦六六一年）春一月六日、御船（天皇の船）は西征に向けて始めて海路についた。三月二五日、御船は本来の航路に戻って、娜大津《なのおおつ》（博多港）についた。磐瀬行宮《いわせのかりみや》（福岡市付近）にお入りになった。天皇は名を改めてここを長津《ながつ》（那河津）とされた。釈《ほうし》・道顕《どうけん》の日本世記には、百済の福信は書を奉って、その君である糺解《くげ》（余《よ》豊章《ほうしょう》王子）のことを東朝《みかど》に願ったとされる。（東朝という用語を使用しているのはなぜか？　大和朝廷自身が倭国の東にあり、倭とは別の権力機構と認識していたのではないか。）

またある本に、四月、天皇は朝倉宮《あさくらのみや》（福岡県朝倉町）に遷り住まれたとある。五月九日、天皇は朝倉《あさくらの》橘広庭宮《たちばなのひろにわのみや》にお遷りになった。このとき朝倉社《あさくらのやしろ》の木を斮（切）り払って、この宮を造られたので、雷神が怒って御殿を壊した。また宮殿内に鬼火《おにび》が現れた。このため大舎人《おおとねり》や近侍の人々に、病んで死ぬ者が多かった。～秋七月二四日、天皇は朝倉宮に崩御された。八月一日、皇太子（中大兄《なかのおおえ》）は天皇の喪をつとめ、帰って磐瀬宮《いわせのみや》に着かれた。この夕に、朝倉山の上に鬼が現れ、大笠を着て喪の儀式を臨み覗ていた。人々は皆怪しんだ。冬一〇月七日、天皇の喪（遺骸）を帰そうと海に就航しました。二三日、天皇の遺骸は、還って難波に泊った。一一月七日、天皇の遺骸を飛鳥川原《あすかのかわら》に殯《もがり》した。この日から九日まで悲しみの発哀《みね》を捧げた。

百済復興軍の陣容と白村江の戦い（日本書紀の記録）

天命開別天皇《あめみことひらかすわけのすめらみこと》（天智天皇）は、息長足日広額天皇《おきながたらしひひろぬかのすめらみこと》（舒明天皇）の太子である。母を天豊財《あめとよたから》重日足姫天皇《いかしひたらしひめのすめらみこと》（皇極天皇、斉明天皇）という。天豊財重日足姫天皇《あめとよたからいかしひたらしひめのすめらみこと》（皇極天皇）四年に、天皇は、位を天万豊日天皇《あめよろずとよひのすめらみこと》（孝徳天皇）に譲られた。天皇（天智天皇）を立てて皇太子とされた。天万豊日《あめよろずとよひ》天皇《すめらみこと》（孝徳天皇）は白雉五年一〇月に崩御された。明る年に皇祖母尊《すめみおやのみこと》（皇極天皇）が重祚して斉明天皇となられた。（斉明天皇）七年（西暦六六一年）七月二四日、斉明天皇が崩御され、皇太子（天智天皇）は素服（白の麻衣）をお召しになって、称制（即位式は挙げないで、政務を取る）された。

この月に、蘇将軍（唐将・蘇定方）と突厥《とっけつ》の王子である契苾加力《けいひつかりき》らとが水陸両道から進撃して、高麗の城下に迫った。皇太子（天智天皇）は長津宮《ながつのみや》（博多大津）に遷って居ました。そこでとりあえず海外の軍事事情を聞きました。

八月に、前軍の将軍として（位階八位の）前軍の将軍・大花下《だいかげ》・阿曇比邏夫連《あずみのひらぶのむらじ》、（位階一〇位の）小花下《しょうかげ》・河辺百枝臣《かわべのももえのおみ》ら、前軍の将軍として（位階八位の）大花下《だいかげ》・阿倍引田比邏夫臣《あべのひけたのひらぶのおみ》、（位階一一位の）大山上《だいせんじょう》・物部連熊《もののべのむらじくま》、（位階一一位の）大山上《だいせんじょう》・守君大石《もりのきみおおいわ》を遣わして、百済を救援させ、それで兵杖（武器）と五穀を送りました。

ある本には、このあとに続けて、別に（位階一二位の）大山下《だいせんげ》・狭井連檳榔《さいのむらじあじまさ》、（位階一四位の）小山下《しょうせんげ》・秦造《はたのみやつこ》田来津《たくつ》を遣わして、百済を守護させたとある。

九月、皇太子は長津宮《ながつのみや》にあって、織冠《おりもののこうぶり》を百済の王子の豊璋にお授けになった。また、多臣蔣敷《おおのおみこもしき》の妹をその妻とされた。そして、（位階一二位の）大山下《だいせんげ》・狭井連檳榔《さいのむらじあじまさ》、（位階一四位の）小山下《しょうせんげ》・秦造《はたのみやつこ》田来津《たくつ》を派遣して、軍兵五千余を率いて、豊璋を本国に護り送らせた。この豊璋が国に入ると、（鬼室）福信が迎えにきて、稽首《けいしゅ》（頭を地に着くまで下げてする礼）して国の政をすべてお任せ申し上げた。

（天智天皇）元年（西暦六六二年）春一月二七日、百済の佐平《ちゃぴょん》・（鬼室）福信に、矢一〇万隻、糸五〇〇斤、綿一〇〇〇斤、布一〇〇〇端、韋《おしかわ》（なめし皮）一〇〇〇張、稲種《たなしね》三〇〇〇斛（石）を賜わった。

三月四日、百済王（余豊璋《よほうしょう》）に布三百端を賜わった。この月、唐人と新羅人が高麗を討った。高麗は救いを国家（大和朝廷）に乞い願った。それで日本は将兵を送って疏留城《そるさし》に構えた。このため唐人はその南の境を犯すことができず、新羅はその西の塁をおとすことができなくなった。

夏四月に、鼠《ねずみ》が馬の尻尾に子を産んだ。釋《ほうし》（僧）道顕《どうけん》が占って、「北の国の人が、南の国に付こうとしている。恐らく高麗が破れて日本に服属するだろう。」と言った。

五月に、大将軍である大錦中《だいきんちゅう》（西暦六六四年天智天皇三年に制定された冠位二十六階制の位階第八位が使用されている。）・阿曇比邏夫連《あずみのひらぶのむらじ》（阿曇比邏夫連は、西暦六六三年天智天皇二年八月二七日、二八日の白村江の役で戦死していると思われるのに、西暦六六四年天智天皇三年に制定された冠位二十六階制の位階第八位が使用されている。）らが、軍船一七〇艘を率いて、豊璋らを百済に送り、宣勅《みことのり》して豊璋に百済王位を継がせた。また金策《こがねのふだ》を福信に与えて、その背をなでてねぎらい、爵位や禄物を賜った。そのとき、豊璋、福信らは稽首《けいしゅ》（頭を地に着くまで下げてする礼）して勅《みことのり》を承った。周囲の諸々の人たちはそのために涙を流しました。

六月二八日、百済は達率《だるそつ》・万智《まち》らを遣わして、調《みつき》を奉り、物を献上した。

冬一二月一日、百済王豊璋と、その臣である佐平《ちゃぴょん》・福信は、狭井連《さいのむらじ》（名は欠けていて不明）、朴市田来津《えちのたくつ》と相談し、「この都の州柔《つぬ》は田畝《たはた》（田畑）から遠く隔たっていて、土地がやせている。農業や養蚕に適した土地ではない。戦いの場であって、ここに長らくいると民が飢えるだろう。今、避城《へきし》に移ろう。避城《へきし》は、西北に古連旦涇《これんたんけい》の川が流れ、東南は深泥巨堰《しんでいこえん》（深い泥の大きな堤防）を防衛に頼れる。周囲に田を繚（巡ら）し、溝を作り、雨が降る。そうすれば華が咲き、実が成り、毛《くにつもの》（特産物）ができる。三韓の腴《ゆ》（豊かな土地）である。衣食の源があれば、人の住むべきところである。土地が低く、卑しいと言っても、どうして移らないでいられようか。」、と言った。

このとき、朴市田来津《えちのたくつ》がひとり身を進め諫めて、「避城《へきし》と敵のいるところとは、一夜で行ける道のりです。たいへん近い。もし不意の攻撃を受けたら悔いても遅い。飢えは第二です。存亡は第一です。今、州《つ》柔《ぬ》に敵がたやすく攻めてこないのは、ここが山険を控え、防御に適し、山が高く谷が狭く、守り易く攻めにくいためです。もし低いところにいれば、どうして堅く守り動かないで、今日に至ることができたでしょうか」と言った。しかしついに聞かないで避城《へきし》に都した。

この年、百済を救うために、兵甲（武器）を修繕し、船を準備し、兵糧を蓄えた。この年、太歳が壬戌の年。

白村江の戦い

（天智天皇）二年（西暦六六三年）春二月二日、百済は達率《だるそつ》・金受《きんじゅ》らを遣わして調《みつき》を奉った。新羅人が百済の南部の四州を焼き討ちし、安徳《あんとく》などの要地を奪った。このとき、避城《へきし》は敵と近すぎたので、そこに居ることができず、州柔《つぬ》に戻った。田来津《たくつ》が言ったようになった。この月、佐平《ちゃぴょん》・福信が、唐の捕虜・続守言《しょくしゅげん》らを届けてきた。

三月に前軍の将軍上毛野君稚子《かみつけののきみわかこ》、間人連大蓋《はしひとのむらじおおふた》、中軍の将軍である巨勢神前臣訳語《こせのかんさきのおみおさ》、三輪君根麻呂《みわのきみねまろ》、後軍の将軍である阿倍引田臣比邏夫《あべのひけたのおみひらぶ》、大宅臣鎌柄《おおやけのおみかまつか》を遣わし、二万七〇〇〇人を率いて新羅を伐たせた。

夏五月一日、犬上君《いぬかみのきみ》（名は欠けていて不明）が高麗に急行し、出兵のことを告げて還ってきた。そのとき、糺解《くげ》（豊璋）と石城《しゃくきし》で出会った。糺解《くげ》は（犬上君に）（鬼室《きしつ》）福信《ふくしん》の罪あることを語った。

六月、前軍の将軍である上毛野君稚子《かみつけののきみわかこ》らが、新羅の沙鼻《さび》、岐奴江《きぬえ》二つの城を取った。百済王の豊璋は、福信に謀反の心があるのを疑って、掌を穿《うが》ち革を通して縛った。しかし、自分で決めかねて困り、諸臣に問うて曰く、「福信の罪はすでに明かだが、斬るべきかどうか。」と。そのとき、達率《だるそつ》・徳執得《とくしゅうとく》が、「この悪逆な人物を許し放つべきではありません。捨てるべきです。」と言うと、福信は執得《しゅうとく》に唾を吐きかけて言った。「腐狗痴奴《くちいぬかたくなやつこ》（腐り犬の馬鹿者）」と。王は健児《ちからひと》（兵士）に命じて福信を斬り、首を塩酢漬けにした。

秋八月一三日、新羅は、百済王が自分の良将を斬ったので、直ちに攻め入って、まず州柔《つぬ》を取ろうとした。ここで百済王は敵の計画を知って、諸将に告げて、「大日本国の救援将軍の廬原君臣《いおはらのきみおみ》が、健児《ちからひと》（兵士）一万余を率いて、今に海を越えてやってくる。どうか諸将軍たちは、あらかじめ図（戦略）を考えておいて欲しい。私は自分で出かけて、白村《はくすき》（錦江の川口付近）でお迎えしよう。」と言った。一七日に敵将が州柔《つぬ》に来てその王城を囲んだ。大唐の将軍は軍船一七〇艘を率いて、白村江《はくすきのえ》に陣列を敷いた。二七日に日本の先着の軍船と、大唐の軍船が合戦した。日本は不利となり退いた。大唐軍は陣を堅めて守った。二八日、日本の諸将と百済の王とは、そのときの気象《あるかたち》（状況）を観ずに、共に語って、「我らが先を争って攻めれば、敵は自ずから退くだろう」と言った。さらに日本軍で隊伍の乱れた中軍の兵を率い、進んで大唐軍の堅陣の軍を攻めた。すると、大唐軍は左右から船を挟んで囲んで攻撃した。たちまちに日本軍は破れた。水中に落ちて溺死する者が多かった。船の舳先と船尾を回旋させることができなかった。朴市田来津《えちのたくつ》は天を仰いで決死を誓い、歯を食い縛って怒り、敵数十人を殺したが、ついに戦死した。このとき、百済王豊璋は、数人と船に乗り高麗へ逃げた。

九月七日、百済の州柔城《つぬさし》は唐に降服した。このとき、国人《くにひと》は語り合って、「州柔《つぬ》が落ちた。如何とも致しがたい。百済の名前は今日で終りだ。先祖の墓にも二度と行くことができぬ。ただ弖礼城《てれさし》に行って、日本の将軍たちに会い、事機《ことはかり》の要《ぬみ》（大事な事）を話し合わなくてはいけない。」と言った。ついに枕服岐城《しんぷくぎさし》に在った妻子どもに教えて、いよいよ国を去ることを知らせた。一一日、牟弖《むて》を出発、一三日、弖礼《てれ》に着いた。二四日、日本の軍船と佐平《ちゃぴょん》・余自信《よじしん》、達率《だるそつ》・木素貴子《もくそきし》、谷那晋首《こくなしんす》、憶礼福留《おくらいふくる》と、一般国民は弖《て》礼城《れさし》に着いた。翌日、船を出して始めて日本に向かった。

百済に出陣し、白村江の戦いに参戦した将軍として日本書紀に記録されているのは、阿曇比邏夫連《あずみのひらぶのむらじ》（戦死）、河辺百枝臣《かわべのももえのおみ》（天武天皇六年（西暦六七七年）一〇月、内小錦上《うちしょうきんじょう》の河辺臣百枝は、民部卿《かきべのかみ》任命されている。生還できたと思われる。）、物部連熊《もののべのむらじくま》（その後の記録不明）、（位階十一位の）大山上《だいせんじょう》・守君大石《もりのきみおおいわ》（斉明天皇四年（西暦六五八年）有間皇子の変で連座して上野国への流罪となったが復権できたと思われる。天智天皇四年一二月唐から派遣された使節・劉徳高の送使・遣唐使として唐に渡る。）、狭井連檳《さいのむらじあじ》榔《まさ》（その後不明）、秦造《はたのみやつこ》田来津《たくつ》（戦死）、犬上君《いぬかみのきみ》（名は欠けていて不明）、上毛野君稚子《かみつけののきみわかこ》（その後記録なし。）、間人連大蓋《はしひとのむらじおおふた》（天武天皇四年（西暦六七五年）四月、天武天皇は風神《かぜのかみ》と大忌神《おおいみのかみ》とをそれぞれ竜田の立野と広瀬の河曲《かわわ》とに祭らせている（それぞれ現在の奈良県生駒郡三郷町立野の龍田大社と、北葛城郡河合町川合の廣瀬大社にあたり、間人連大蓋《はしひとのむらじおおふた》が大忌神の祭祀を担当しているので。白村江から生還できたと思われる。）。巨勢神前臣訳語《こせのかんざきのおみおさ》（その後不明）、三輪君根麻呂《みわのきみねまろ》（その後不明）、阿倍引田臣比邏夫《あべのひけたのおみひらぶ》（天智天皇三年（西暦六六四年）新冠位制度（冠位二十六階）の制定に伴って大錦上に叙せられる。また この頃、筑紫大宰帥に任ぜられている（『続日本紀』）。白村江の戦いののち、唐や新羅の来襲に備え、軍事経験豊かな比羅夫を九州地方の防衛責任者に任じたものと想定される。）、大宅臣鎌柄《おおやけのおみかまつか》（その後不明）、廬原君臣《いおはらのきみおみ》（廬原君臣が参戦したかどうか日本書紀には記載がない）。

斉明天皇は（位階一一位の）大山上《だいせんじょう》・物部連熊《もののべのむらじくま》、（位階一四位の）小山下《しょうせんげ》・秦造《はたのみやつこ》田来津《たくつ》を遣わし、軍船一七〇艘、軍兵五〇〇〇余を率いて、豊璋を本国に護り送らせた。軍船一艘に軍兵三〇人となる。

天智天皇は、天智天皇二年三月に前軍の将軍上毛野君稚子《かみつけののきみわかこ》、間人連大蓋《はしひとのむらじおおふた》、中軍の将軍である巨《こ》勢《せいの》神前臣訳語《かんざきのおみおさ》、三輪君根麻呂《みわのきみねまろ》、後軍の将軍である阿倍引田臣比邏夫《あべのひけたのおみひらぶ》、大宅臣鎌柄《おおやけのおみかまつか》を遣わし、二万七千人を率いて新羅を伐たせた。軍兵二万七千人を派遣するには、軍船一〇〇〇艘が必要になる。唐書にはこのうち四〇〇艘が焼かれたと記録されている。倭国軍はほぼ全滅、多数の軍兵が捕虜になったと思われる。

日本書紀の記録には、軍船一〇〇〇艘を調達し、軍兵二万七千人を徴兵するという緊迫感は感じられない。「斉明天皇六年～一二月二四日、天皇は難波宮《なにわのみや》にお出でになった。天皇は福信の願いに応じて、筑紫に行幸し、救いの軍隊を送ろうと思われ、まずここに種々の武器を準備された。この年、百済のために新羅を討とうと思われ、駿河国に勅《みことのり》して船を造らせられた。造り終わって続麻郊《おみの》（伊勢国多気郡麻績）にひいてきたとき、その船は夜中に故もなく、艫《とも》と舳《へ》とが入れ替っていた。」程度の記載である。せいぜい軍船数十艘を調達し、斉明天皇、皇太子（天智天皇）、家族、大舎人や近侍の人々、軍兵含め数千人程度ではなかったか。

出兵に当たっての準備に緊迫感は感じられず、白村江の戦いでほぼ全滅した悲壮感はない。敗戦後に初めて国政上天智天皇が行ったことは、国防を固めることではなく、天智天皇三年（西暦六六四年）春二月九日に冠位二十六階制制定という冠位の階名を増加し変更するという祝事を実施している。

戦後処理に関わるもの

戦後処理に関わるものは、三月、百済王の善光《ぜんこう》らを難波《なにわ》に住まわしめたこと、夏五月一七日、百済にあった唐の鎮将《ちんしょう》（占領軍司令官）の劉仁願《りゅうじんがん》が派遣した朝散大夫《ちょうさんだいぶ》・郭務悰《かくむそう》らを饗応したこと、西海防備として、対馬、壱岐、筑紫国《つくしのくに》などに防人《さきもり》と烽《すすみ》（のろし台）をおき、筑紫に大堤《おおつつみ》を築いて水を貯えた。これを水城《みずき》と名づけたこと、天智天皇四年（西暦六六五年）に、百済滅亡後、多数渡来した百済人に冠位を授ける官位の階級を検討し、近江国神崎郡に居住地を与え、百済の遺臣である達率《だるそつ》・答㶱春初《とうほんしゅんそ》に長門国に城を築かせ、達率《だるそつ》・憶礼福留《おくらいふくる》と達率《だるそつ》・四比福夫《しひふくぶ》を、筑紫国に遣わして、大野《おおの》と椽《き》（大宰府の西南）に二つの城を築かせ、唐が派遣してきた朝散大夫《ちょうさんだいふ》・沂州《きしゅう》の司馬《しば》上柱国《じょうちゅうこく》・劉徳高《りゅうとくこう》、右戎衛郎将《ゆうじゅえいろうしょう》・上柱国《しょうちゅうこく》・百済禰軍《くだらのねぐん》・朝散大夫《ちょうさんだいふ》・柱国《ちゅうこく》である郭務悰《かくむそう》らを接遇した。

四年（西暦六六五年）春二月に、～百済国の官位の階級を検討した（百済滅亡後、多数渡来した百済人に冠位を授けるため）。佐平《ちゃぴょん》・福信の功績によって、鬼室集斯《きしつしゅうし》に、小錦下《しょうきんげ》の位を授けた。また百済の民、男女四百人あまりを、近江国《おうみのくに》の神崎郡《かんさきのこおり》に住ませた。

三月に、神崎郡の百済人に田を給せられた。

秋八月、達率《だるそつ》・答㶱春初《とうほんしゅんそ》を遣わして、長門国に城を築かせた。達率《だるそつ》・憶礼福留《おくらいふくる》と達率《だるそつ》・四比福夫《しひふくぶ》を、筑紫国に遣わして、大野《おおの》と椽《き》（大宰府の西南）に二つの城を築かせた。

九月二三日、唐が朝散大夫《ちょうさんだいふ》・沂州《きしゅう》の司馬《しば》上柱国《じょうちゅうこく》・劉徳高《りゅうとくこう》らを遣わしてきた。（等というのは、右戎衛《ゆうじゅえい》郎将《ろうしょう》・上柱国《しょうちゅうこく》・百済禰軍《くだらのねぐん》・朝散大夫《ちょうさんだいふ》・柱国《ちゅうこく》である郭務悰《かくむそう》のことをいう。）全部で二五四人。七月二八日に対馬に着く。九月二〇日、筑紫につき、二二日に表函《ふみひつ》を奉った。

冬一〇月一一日、菟道《うじ》で盛大に閲兵をした。

一一月一三日、劉徳高《りゅうとくこう》らに饗応をされた。

一二月一四日、劉徳高らに物を賜わった。この月、劉徳高らは帰途についた。この年、小錦の守君《もりのきみの》大石《おおいわ》等を大唐に遣わした、云々と。（等というのは、小山の坂合部連石積《さかごいべのむらじいわつみ》、大乙の吉士岐弥《きしのきみ》、吉士針間《きしのはりま》を言う。）推測するに、唐の使者を送ったものか。

日本書紀に記録された白村江の役で唐の捕虜となり、その後帰国出来た一二名の将兵の出身地を見ると、救援軍は、北部九州の軍団・一〇〇〇艘の軍船を主体とし、四国、大和朝廷軍、関東（上毛野君稚子）、陸奥等からの出兵（斉明天皇五年の第四次遣唐使に蝦夷人男女、蝦夷の兵士も同行していたので大和朝廷に蝦夷人軍兵も駐留していたと思われる。）もあったとみるのが相当ではないか。

倭国軍の主力であるはずの筑紫君・薩野馬（薩夜麻）、大宰府から軍団印が出土した御笠団、遠賀団及び筑紫国造磐井の岩戸山古墳のある八女の軍団等の参戦については日本書紀に記録はないが、捕虜になって帰国出来た者の記録には出てくる。

白村江で唐の捕虜となり、後に帰国出来た兵たちの記録

なお、天智天皇一〇年（西暦六七一年）二日に帰国した①沙門《さもん》・道久《どうく》、②筑紫君《つくしのきみ》・薩野馬《さちやま》、③韓島《からしまの》勝《すぐり》娑婆《さば》（豊前国宇佐郡辛島郷を本拠地とした氏族）、④布師首磐《ぬのしのおびといわ》（持統天皇四年九月乙亥朔～丁酉～軍丁筑紫國上陽咩郡大伴部博麻～泊天命開別天皇三年　土師連富杼・氷連老・筑紫君薩夜麻・弓削連元寶兒と同一人物と思われる。）の四人、天武天皇一三年一二月六日に、新羅を経由して帰国した百済の戦役

の時に唐に捕らえられていた⑤猪使連子首《いつかいのむらじこくび》と⑥筑紫三宅連得許《つくしのみやけのむらじとくこ》、持統天皇四年（西暦六九四年）九月二三日新羅の送使である大奈末《だいなま》・金高訓《きんこうくん》らに従って、筑紫に帰国した筑紫國上陽咩郡《かみつやめのこおり》（福岡県八女市）の⑦大伴部博麻《おおともべのはかま》、持統天皇六年（西暦六九六年）夏四月二七日に追大貳《ついだいに》の位と褒賞を授けられた伊《い》予国風速郡《よのくにかぜはやのこおり》（愛媛県松山市北条）の⑧物部薬《もののべのくすり》と肥後国皮石郡《ひごのくにかわいしのこおり》（熊本県合志市）の人である⑨壬生諸石《みぶのもろいし》と文武天皇慶雲元年（西暦七〇四年）遣唐使・粟田真人が帰国の際に連れ帰った讃岐国の⑩錦部刀良《にしこりのとら》、陸奥国の⑪生王五百足《みぶのいおたり》、筑後国の⑫許勢部形見《こせべのかたみ》、合わせて捕虜一二人が帰国できたことになる。帰国できた捕虜の記録から見ると、百済救援軍に、筑紫、肥後、豊前、伊予、讃岐、陸奥の軍団があったことが覗える。

日本書紀　天智天皇十年　一一月一〇日の条

天智天皇一〇年（西暦六七一年）一一月一〇日に、対馬の国司が大宰府に使いを遣わして報告した。さる二日に、沙門《さもん》・道久《どうく》、筑紫君薩野馬《つくしのきみさちやま》、韓嶋勝裟婆《からしまのすぐりさば》、布師首磐《ぬのしのおびといわ》の四人が唐より来て、「唐国の使節の郭務悰六〇〇人、護衛の沙宅孫登等一四〇〇人、合わせて二〇〇〇人が、四七隻の船に乗って、共に比知島に停泊していて、両人共に言うには、現在、我々の人船は多数であり、突然やって来ると、恐らく対馬の防人は、驚いて戦いになるだろう。そこで道久等を遣して、予め少しだけ来朝する意向を示し申します」と言った。

日本書紀　持統天皇四年　一〇月一五日の条

持統天皇四年（西暦六九四年）冬一〇月一〇日に、大唐学問僧・智宗らが京師《みやこ》についた。

一五日に、使者を遣わして、筑紫大宰・河内王らに詔《みことのり》して曰く、「新羅の送使である大奈末・金高訓らの饗応に、学生の土師宿禰甥らを送り、送使の饗えに準ぜよ。その慰労と賜物は、詔書に示されたことに従え」と。

二二日に、軍丁（兵士である）筑後国上陽咩郡《かみつやめのこおり》の人である大伴部博麻《おおともべのはかま》に詔《みことのり》して、「斉明天皇の七年、百済救援の役で、汝は唐の捕虜とされた。天智天皇の三年になって、土師連富杼、氷連老、筑紫君薩夜麻、弓削連元宝児の四人が、唐人の計画を朝廷に奏上しようと思ったが、衣食も無いために京師《みやこ》まで行けないことを憂えた。是に於て、博麻は土師富杼らに語って、『私は皆と一緒に朝廷に行きたいが、衣食もない身で叶わないので、どうか私を奴隷に売り、その金を衣食にあててくれ』と言った。富杼らは博麻の計に従って、日本へ帰ることができた。汝は一人他国に三十年も留まった。朕は、おまえが朝廷を尊び国を思い、己を売ってまで、忠誠を示したことを喜ぶ。それゆえ、務大肆《むだいし》の位に合わせて、絁《ふとぎぬ》五匹、綿十屯、布三十端、稲千束、水田四町を与える。その水田は曽孫まで引き継げ。課役は三代まで免じて、その功を顕彰する。

～一一月七日、送使・金高訓らにそれぞれ物を賜わった。

日本書紀　持統天皇十年夏四月戊戌（二七日）の条

持統天皇一〇年（西暦七〇〇年）夏四月二七日、追大貳《ついだいに》の位を、伊予国風速郡《いよのくにかざはやのこおり》の人である物部薬《もののべのくすり》と肥後国皮石郡《ひごのくにかわしのこおり》の人である壬生諸石《みぶのもろし》に授けられた。合せてそれぞれに絁《ふとぎぬ》四匹、糸一〇絢、布二〇端、鍬《くわ》二〇口、稲一〇〇〇束、水田四町を賜わり、戸の調役を免じられた。長らく唐の土で苦労したことを労わられてのことである。

続日本紀　文武天皇慶雲四年五月癸亥の条

文武天皇慶雲四年（西暦七〇七年）五月二六日、讃岐國那賀郡の錦部刀良《にしこりのとら》、陸奥國信太郡の生王五百足《みぶのいおたり》、筑後國山門郡の許勢部形見《こせべのかたみ》等に各《おのおの》に衣一襲《ひとかさね》（一式揃った衣服）及び監穀（朝廷が管理している穀物）を賜う。初《はじ》め百済を救う也。官軍に利不《りあら》ず、刀良等は唐兵の虜と被《な》り、官戸（唐の官に所属する賤民）の沒（落）と作《さ》れ、卅餘年（三〇有余年）を歴《へ》て免（許）された、是に至って刀良は我使・粟田朝臣眞人等の我使（遣唐使）に遇《あ》って、随って歸朝した。其の勤苦を憐んで、此に賜有る也。
筑紫君薩野馬（薩夜麻）は、白村江の役（西暦六六三年）で唐の捕虜になった後、唐の高宗・麟徳三年正月（乾封元年）（西暦六六六年）封禅の儀に参列し、天智天皇一〇年（西暦六七一年）一一月二日唐国の使節の郭務悰、護衛の沙宅孫登等とともに帰国のために比知島に停泊している。

天智天皇二年八月二七日、二八日、白村江の戦いで倭国軍が全滅に近い形で敗戦し、多くの将兵が戦死、捕虜になったため、北部九州に権力の空白が生じた。天智天皇ら大和朝廷軍にも損害はあったが、親衛軍はほぼ無傷で飛鳥にあった。

天智天皇は北部九州の権力を掌握し、筑紫の国等に百済式山城を築き、防御線を固めたのではないか。

天智天皇は称制六年目の西暦六六七年に飛鳥岡本宮から近江大津宮に遷都し、天智七年（西暦六六八年）即位した。

新羅本記第三〇代文武王一〇年一二月の条に、倭國更號日本　自言近日所出以爲名「文武王一〇年（西暦六七〇年）一二月～倭國は国号を日本に更え、自ら日の出づる所に近いので以て国名と為したと言う。」との記録はあるが、日本書紀・天智天皇九年（西暦六七〇年）の条には、「国号を倭国から日本に変更し、新羅の文武大王に使節を送った。」との記録はない。この記録は、大和朝廷とは関係ない事項だったのではないか。

壬申の乱

天智天皇一〇年（西暦六七一年）一二月三日天智天皇が崩御すると、翌西暦六七二年皇太弟・大海人皇子が兵を挙げて大友皇子（弘文天皇）の近江朝に対して反乱した壬申の乱が勃発。

大友皇子（弘文天皇）は薨御し、天智天皇の近江朝の左右大臣他高官はすべて失脚。

翌天武天皇二年（西暦六七三年）、大海人皇子は飛鳥浄御原宮に遷都し即位し、豪族による合議体制から、天皇や皇族の権威・権力を高める政策を実施。政権中枢を皇子らで占める皇親政治を開始し、大臣を置かず天皇中心の専制的な政治を行っていった。天武天皇は、その強力な政治意思を執行していくために、官僚制度とそれを規定する諸法令を整備していった。天武一〇年（西暦六八一年）、天武天皇は皇子・諸臣に対して、律令制定を命ずる詔を発令したが、律令が完成する前の西暦六八六年に天武天皇が崩御した。

さらに、天武天皇は天皇の権威・権力を象徴する壮大な都を建設に着手した。天武天皇崩御後は持統天皇が事業を引き継ぎ、藤原京の建設は、西暦六九四年に四年間の工期を経て完成。持統天皇は藤原京に遷都。天武天皇、持統天皇のときに、日本の形が大きく変わり、国家としての体制が整備された。

天武天皇の律令と官僚制度の整備には、唐との国交回復が必須であり、天武朝、持統朝、文武朝では唐との国交回復と交流が悲願となっていた。

文武天皇・大宝元年（西暦七〇一年）粟田真人を第八次遣唐使の最高責任者である遣唐執節使に任命。遣唐執節使は遣唐大使よりも上位、文武天皇から節刀を授けられたが、これが天皇が節と刀（遣唐使や征夷将軍などに大権の象徴として授けられた）を授けた初めての事例であった。

第八次遣唐使は、文武天皇の大宝二年（西暦七〇二年・周朝の長安二年）六月乙丑（二九日）唐に向けて出発した。使節団には最高責任者である遣唐執節使・粟田真人、大使・坂合部宿禰大分、大位・許勢朝臣祖父、中位・鴨朝臣吉備麻呂、小位・掃守宿禰阿賀流、大録・錦部連麻呂、白猪史阿麻留、少録・

山於億良（山上億良）、大通事（通訳）・大津造（垂水君）廣人らがいた。

粟田真人の最大の目的は、天皇からの国書を奉呈し、正式に唐（周）（西暦六九〇年に武則天は帝位につき、国号を「周」に変更している。本書では支障のない範囲で、以下「唐」と記述。）の皇帝が正式に受理し、国交を回復することであった。

第二の目的は、第四次遣唐使で発生した使節団内の争いに決着をつけ、日本列島の唯一の正統政権が大和王朝であること、国号の倭から日本への変更を承認させることであった。

唐第三代皇帝・高宗の皇后として垂簾聴政（女性である皇后が、男性である朝臣との直接対面を避け、皇帝の玉座の後ろに御簾を垂らし、その中に座って朝臣から政務の上奏を受け、判断を下す。）を執っていた則天武后の顕慶四年（西暦六五九年）第四次遣唐使の使節団内で争いがあり、全員が幽閉、流罪とされ、その後唐と百済との戦いがあり、その間使節団は厳重に抑留された。

顕慶五年（西暦六六〇年）唐は百済を滅亡させ、龍朔三年（西暦六六三年）白村江の戦いで倭国は百済復興軍を支援し、唐と直接交戦したが全滅した。

そのため、倭国・日本と唐の国交は断絶していたが、高宗・則天武后及び朝廷の高官たちは倭国使節団内での唐朝廷をたぶらかすような許しがたい醜い争いを犯し、白村江の戦いで倭国が唐に戦いを挑んだ経緯を知悉していた。漢朝から隋朝まで倭国は中国の王朝とは友好関係を保ち、戦いを挑んだことはなかった。

天武朝、持統朝、文武朝では唐との国交回復が悲願となっており、唐朝の情報収集と国交回復のための方策を徹底的に検討し、入念に想定問答を作成した

この検討に参画した中心人物は、真人、真人とともに大宝律令の制定に参画していた藤原不比等（第二次遣唐使の學問僧・定恵の弟）、伊吉博徳（伊吉博徳は、斉明五年（西暦六五九年）の第四次遣唐使の一員であり、使節団内での争いで流罪・抑留された経験を有していた。）と考えられる。

藤原不比等は渡唐経験がなく、真人が藤原不比等の唐語、唐の文化、制度の師であり、また伊吉博徳は真人より位階が下位であり在唐経験も短かく、唐語、唐の文化、制度、唐朝廷の内情も真人ほど通じていなかったので、真人がこの検討を実質的に仕切ったと判断される。

藤原不比等は検討結果を、文武帝及び文武朝高官に承認してもらうための根回し役に徹したのではないか。唐皇帝宛の国書の内容、唐朝廷との対応、日本は唐朝から冊封を受けていないし、受けるつもりもない。天皇を絶対視し、唐と対等関係にあるという認識下にある。

なお、後漢、魏、倭の五王時代の晋、南朝の宋、斉、梁との交流では倭国は中国の王朝の冊封を受けている。冊封とは、中国の皇帝が朝貢をしてきた周辺諸国の君主に官号・爵位などを与えて君臣関係を結びその統治を認める宗主国対藩属国という従属関係のことを言うが、日本としては冊封体制に組み込まれることを良しとしていない。

真人は、前述のように孝徳天皇の白雉四年（西暦六五三年）五月第二次遣唐使の学問僧・道灌として、

内大臣中臣鎌足の長男・定恵や中臣一族の中臣渠毎連（こめのむらじ）の子・安達等とともに唐に派遣され、一二年間学問僧として、唐朝最高の教育を受けている。唐語は唐人、それも科挙に及第した高級官吏並みに操れたし、唐の文化、制度、唐朝廷の内情に通じていた。

百済滅亡（西暦六六〇年）、倭国から百済復興のための援軍が白村江の戦いで全滅（西暦六六三年）したのち、乙丑年（西暦六六五年、唐の麟徳二年、天智天皇四年）九月二三日に唐の使者・劉徳高の船に乗船して帰国しているので、第四次遣唐使で発生した使節団内の争い、使節団の処罰、百済滅亡、顕慶五年（西暦六六〇年）一一月一日に、百済を滅した将軍である蘇定方が百濟王扶餘義慈、太子隆等五八人の俘を高宗に獻じ、高宗が則天門の楼上で、百濟王扶餘義慈、太子隆等の俘虜を閲し唐に敵対した罪を責めた後宥（許）したこと、龍朔三年（西暦六六三年）の白村江の戦いで倭国軍の全滅したこと、則天武后の垂簾聴政は真人が在唐時に実際に見聞した出来事だった。

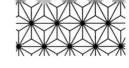

第七章
国交回復のために検討した内容四点

一　国号と天皇の称号

二　なぜ百済復興のために軍を出したか。国交断絶の原因となった白村江の戦いをどのように総括するか。

三　第四次遣唐使で、和種の韓智興（日本書紀には派遣の記録はないが、帰国の記録はある。）の従者による讒言で、使者どうしがトラブルを起こし、韓智興は三千里の外に流罪、その他の使者も厳重に幽閉・抑留された。この事情をどう釈明するか。

四　唐の皇帝に献上する朝貢品の選定と収集。

一　国号と天皇の称号について

唐朝には、「日本」と言う国号が伝わっていなかった。

三國史記　巻六　新羅本紀　第六には、次のように記されている。

新羅の第三〇代の国王である文武王（姓は金、諱は法敏）（在位：西暦六六一年～六八一年）。父は第二九代の国王太宗・武烈王・金春秋。金春秋は武烈王七年（西暦六六〇年）唐軍との同盟軍で百済を滅ぼした。

百済討滅戦では、文武王は王太子として新羅軍の最高司令官。

文武王八年（西暦六六八年）に唐軍と連合して高句麗を討滅した。

文武王一〇年（西暦六七〇年）には同盟国唐が朝鮮全土を支配しようとしたので、唐と戦い、大同江以南を確保して朝鮮最初の統一王朝を樹立した。


文武王十年十二月～倭國更號日本　自言近日所出以爲名

文武王十年（西暦六七〇年）一二月～倭國は国号を日本に更え、自ら日の出づる所に近いので以て国名と為したと言う。

（東北大学名誉教授　井上秀雄氏訳注の金富軾『三国史記』平凡社東洋文庫で、井上氏は「この日本改称の年次は新旧『唐書』の東夷日本伝を誤り伝えた記事である。この記事は咸亭（ママ。正しくは亨）

元年（西暦六七〇年）の倭国使節来朝（訪唐）記事と長安三年（西暦七〇三年）の記事とを混同してこの年のこととしたのである。」と脚注しているが、根拠は示されていない。粟田真人を遣唐執節使（大使）とする第八次遣唐使は唐書東夷日本伝では長安三年（西暦七〇三年）となっているが本記では長安二年（西暦七〇二年）となっている。また、持参した国書でどのような国号を名乗ったか記録されていない。）

新羅の第二九代の国王太宗・武烈王・金春秋は武烈王七年（西暦六六〇年）七月　唐軍との同盟軍で百済を滅ぼし、武烈王八年（西暦六六一年）六月薨去し、第三〇代の国王である文武王が即位している。

文武王は文武王三年（西暦六六三年）白村江の戦いで百済復興軍と倭国の支援軍を唐と連合して全滅させている。

文武王八年（西暦六六八年）には唐と連合し、高句麗を滅している。さらに、唐は百済の故地に熊津都督府を、高句麗の故地には安東都護府を設置し、唐の管理下に置こうとした。文武王はこれに対抗し、文武王十六年（西暦六七六年）一一月には白江河口部の伎伐浦で唐軍に大打撃を与え、ついに唐の新羅征討と半島支配とをあきらめさせた。唐は熊津都督府・安東都護府を遼東地方に引き上げ、朝鮮半島から唐の勢力は排除されることとなり、新羅による統一がなった。

第二九代の国王太宗・武烈王・金春秋は斉明天皇と同時代人。武烈王八年（西暦六六一年）六月薨去。斉明天皇は、七年（西暦六六一年）秋七月朝倉宮で崩御。

第三〇代の国王・文武王は三国を統一し、唐の勢力を大同江以北に押し返した新羅の大王中の大王であり、その事績の記録は正確かつ豊富に残っていたのではないか。これらの記録を基に記述された記録を「誤り伝えた記事」と断定するのは穏当ではない。

文武王と同時代人である天智天皇と天武天皇も日本の歴史に大きな影響を与えた天皇である。百済滅亡、白村江の戦いと新羅と倭は交戦しているが、その後も新羅と日本の交流は途絶えていない。

文武王十年（西暦六七〇年）一二月に、「倭國が国号を日本に更え、自ら日の出づる所に近いので以て国名と為したと言う。」ことが伝わったと記録されたと考えるのが相当ではないか。

なお、国号・日本を大和朝廷は、訓読みで「ひのもと」、大和言葉で「やまと」と読み、音読みでは南朝系の呉音で「にちほん→にほん、にっぽん」と読んだのではないか。その後遣唐使を通じた唐との交流で、唐朝は北朝系の漢音で「じつほん→じっぽん」と読んだ。国号を変更した当時の日本では、中国南朝で使用された呉音が主流で、北朝系の漢音は使用されていなかったのではないか。

唐の時代になって中国では北朝系の漢音が主流となり「じつほん→じっぽん→じぱん」と発音した。これがヨーロッパに「ジパング」「じゃぱん」と伝わったのではないか。現代の中国語の普通語（標準語）では「りーべん」「るーべん」と発音している。

新羅から唐朝に、倭が「国号」を「倭」から「日本」変更していることが伝わっていた可能性はあるが、日本から直接唐朝に伝えたことはない。

古事記と日本書紀で「倭」「日本」の文字がどのように使われているか調べてみた。

◎古事記には「倭」という文字が六九箇所に出てくる。内訳としては、

一．国号としての「倭」　大倭豊秋津嶋、倭國造等　三箇所、

二．大和地方の地名に関するもの　倭の倭之市師池・輕池等　一一箇所

三．皇族和風諡号の一部　神倭天皇（かむやまとすめらみこと）・神倭伊波禮毘古天皇（かむやまといわれびこのすめらみこと）（神武天皇）、倭建命（やまとたけるのみこと）等　五二箇所

四．姓（かばね）の一部　倭田中直（やまとの　たなかの　あたい）、倭淹知造（やまとの　あむちのみやつこ）、倭漢直之祖（やまとの　あやの　あたい）の祖・阿知直（あちの　あたい）　三箇所

○古事記には「日本」という文字は使用されていない。

◎日本書紀には「倭」という文字が一八八箇所に出てくる。内訳としては、

一．国号としての「倭」　二七箇所、

二．大和地方の地名に関するもの　倭の香具山等　六二箇所、

三．天皇、皇族等の和風諡号の一部に使用　倭迹迹日百襲姫命（やまと　ととびももそ　ひめのみこと）等　三二箇所、

四．地方豪族に与えられた姓（かばね）に関するもの　倭直（やまとのあたい）、倭国造（やまとのくに

のみやつこ）等　四一箇所、

五．意味がなく音読み例　怡奘過　怡奘過　過音倭（怡奘過（イザワ）、怡奘過（イザワ）。過の音読みは倭（ワ）。）　一二六箇所ある。

◎日本書紀には「日本」という文字が二二五箇所ある。内訳としては、

一．国号としての日本　大日本日本（此云耶麻騰　ここに云うやまと）、任那の日本府三五箇所等　九八箇所、

二．天皇等の和風諡号の一部として　天皇等の和風諡号として各天皇に多くて二、三か所に使用されているが、神武天皇（神日本磐余彦火火出見天皇（三箇所）、神日本磐余彦尊（九箇所）含め）一二箇所、圧倒的に多いのが日本武尊（日本武皇子二箇所含む。）三六箇所等一二七箇所に使用されている。

日本書紀上日本武尊の圧倒的な英雄性が顕著に記録されている。

日本書紀には、国号を「倭」から「日本」に変更したことは記録されていない。

旧唐書　日本伝には次のような記録がある。

日本国は、倭国の別種なり。その国は日邊（日出の処）在るを以て、故に日本と名を為す。

或いは云う、倭国は自ら其の名の雅ならざるを悪み、改めて日本と為す。

或いは云う日本は元小国で倭国の地を併す。入朝する者、多く自ら矜（誇り高ぶり）（尊）大、実を以て対《こた》えず（本当のことを答えず）、故に中国これを疑う。

日本書紀は、元正天皇の養老四年（西暦七二〇年）に完成。完成した時の責任者は舎人親王であるが、天武天皇は天武一〇年（西暦六八一年）三月庚午を朔（一日）とする丙戌の日である一七日、川嶋皇子、忍壁皇子、廣瀬王、竹田王、桑田王、三野王、大錦下・上毛野君三千、小錦中・忌部連首、小錦下・阿曇連稲敷、難波連大形、（位階十一位の）大山上・中臣連大嶋（第二次遣唐使の学問僧・安達）、大山下・平群臣子首らに、帝紀及上古諸事編纂を命じたので編纂の開始はこのときである。

天武天皇が、帝紀及上古諸事編纂を命じた天武一〇年（西暦六八一年）ころには日本書紀の概念はできあがっていたのではないか。新羅の文武王十年（西暦六七〇年）一二月に、「倭國が国号を日本に更え、自ら日の出づる所に近いので以て国名と為したと言う。」ことを日本が新羅に伝えたとしても時系列的には矛盾しない。

日本書紀には、国号を「倭」から「日本」に変更したことは記録されていない。

国号としての「倭」が二七箇所、倭の香具山等大和地方の地名を倭とするものが六二箇所あり、国号として大日本日本（此云耶麻騰　ここに云うやまと）と記述するように、大和地方の地名としての倭と国号としての倭、日本が混在するのは、大和王朝が筑紫城から東遷したさいに、筑紫の政権に対応して大和地方の倭を「日本」と呼称し、白村江の戦いで筑紫政権が全滅したのを奇貨として「やまと」に日本を当て、国号を「倭」から「日本」に変更したとして新羅に伝えた可能性はある。

西暦六六三年の白村江の戦い以降も新羅の文武王と大和朝の国交は途絶えていない。

文武王と天智天皇の交流の記録は以下の通りである。（日本書紀による）

天智天皇七年（西暦六六八年）秋九月一二日、新羅は沙喙部《さとく》の級飡《きゅうさん》（新羅の官位一七階の第九等級）金東厳らを遣わして調を奉った。二六日、中臣内臣（中臣鎌足）は沙門の法弁と秦筆を遣わして、新羅の上臣である大角干《だいかくかん》（金）庾信《ゆしん》に船一艘を与えられ、（金）東厳に言付けられた。庚戌の日である二九日、布勢臣耳麻呂を遣わして、新羅王に調物を運ぶ船を一艘贈り、東厳らに言付けられた。

天智天皇七年（西暦六六八年）冬一〇月、大唐の大将軍である英公（李勣《りせき》）は、高麗を打ち滅ぼした。高麗の仲牟王（高句麗の東明聖王・高朱蒙）は、初めて国を建てたとき、千年に渡って治め続けることを願った。これに対し母夫人が、「もし国をたいへん善く治めたとしても、まず七百年ぐらいのものだろう」といった。今この国の滅亡は、まさに七百年後のことであった。

天智天皇七年（西暦六六八年）一一月一日、新羅王に絹五〇匹、綿五〇〇斤、なめし皮一〇〇枚を贈られ、金東厳らに託した。東厳らにもそれぞれに応じて物を賜わった。五日、小山下の道守臣麻呂、吉士小鮪《きしのおしび》を新羅に遣わした。この日、金東厳らは帰途についた。

天智天皇九年（西暦六七〇年）秋九月一日、阿曇連頰垂《あずみのむらじつらたり》を新羅に遣わした。

天智天皇十年（西暦六七一年）六月四日、百済の三部の使者が要請した軍事について仰せ事があった。

庚辰の一五日、百済が羿真子《げいしんし》らを遣わして調を奉った。この月、栗隈王を筑紫率とした。新羅が使者を遣わして調を奉った。別に水牛一頭、山鶏《やまどり》一羽を奉った。～冬一〇月七日、新羅が沙飡《ささん》（新羅の官位一七階の第八等級）・金万物らを遣わして調を奉った。～一一月～二九日～この日、新羅王に、絹五〇匹、絁《ふとぎぬ》五〇匹、綿一〇〇〇斤、韋（なめし皮）一〇〇枚を賜わった。一二月一七日、新羅の調を奉る使者の沙飡・金万物らが帰途についた。

西暦六七〇年前後に日本で何が起こったか？

天智天皇十年一二月三日（西暦六七二年一月七日）、天智天皇は近江宮《おうみのみや》で崩御された。

天智天皇崩御後壬申の乱が発生する。

天武天皇元年（西暦六七二年）秋七月二三日、男依《おより》らは近江軍の将、犬養連五十君《いぬかいのむらじいきみ》と、谷直塩手《たにのあたいしおて》を粟津市《あわづのいち》で斬った。是に於いて大友皇子《おおとものみこ》は逃げ入る所もなくなり、引き返して山前《やまさき》に身を隠し、自ら首を縊って死んだ。

天武天皇二年（西暦六七三年）二月二七日、天皇は有司に命じて壇場を設け、飛鳥浄御原宮《あすかきよみはらのみや》で帝位に即位された。

時系列的に考えると、天智天皇一〇年一二月三日に天智天皇が崩御され、天武元年壬申の乱で勝利した天武天皇は翌天武天皇二年二月二七日即位の儀を行ったが、新羅には西暦六七一年一二月に天武天皇の御代になり、国号を「倭」から「日本」に変更したと伝わった可能性はある。

新・唐書では白村江の戦いの後、咸亨元年（西暦六七〇年）に天智天皇が、唐が高句麗を平定（西暦六六八年）したことを祝賀する使者を唐に送っているが、唐との国交が回復した訳ではない。

天智が死んで、その子（?）天武が立ち、天武が死んで、その子總持が立ち、咸亨元年（西暦六七〇年）使者を遣《おく》り高麗を平定したことを賀した。

日本書紀には対応する記録として、下記記述があるが、遣使の目的は記載されていない。

天智天皇八年（西暦六六九年）～是の歳に、小錦中・河内直鯨等を、大唐に使者として遣《つかわし》た。

天皇の称号について

隋書で俀国の王・多利思北孤《たりしほこ》は「日出處天子」と称し、「日沒處天子に書を致《いた》す」との国書を送り、煬帝を激怒させている。

唐の高宗は上元四年（西暦六七四年）自らの称号を皇帝から天皇に変更したので、日本からの国書に「天皇」と号した場合、唐が許すとは思えない。国書の受理を拒否し、国書を突き返されるのではないか。

日本からの国書を唐朝に受領してもらうために日本の国王である「天皇」をどのように号するか。

また、持参した国書でどのような国号を名乗ったか記録されていない。ただ、武則天の孫である玄宗皇帝に重用されて宰相・中書令に任じられた張九齢（阿倍仲麻呂との関わりも深い）の「唐丞相曲江張

先生文集　第十二」に、天平五年（西暦七三三年）の第一〇次遣唐使大使・多治比広成、副使・中臣名代で「日本国王は王明樂美御徳（すめらみこと）」と号していると記録されている。本著では粟田真人の第八次遣唐使も「日本国王・王明樂美御徳（すめらみこと）」と号する国書を持参したと推認する。

二　なぜ百済復興のために軍を出したか。国交断絶の原因となった白村江の戦いをどのように総括するか。

三　第四次遣唐使で、和種の韓智興（日本書紀には派遣の記録はないが、帰国の記録はある。）の従者による讒言で、使者どうしがトラブルを起こし、韓智興は三千里の外に流罪、その他の使者も厳重に幽閉・抑留された。この事情をどう釈明するか。

四　唐の皇帝に献上する朝貢品の選定と収集。真人が初めて訪唐した白雉四年（西暦六五三年）〜白雉五年（西暦六五四年）の第二次遣唐使では、唐の高宗の永徽《えいき》五年）に、日本は宝石（一斗升のような大きさの琥珀、五升升のような瑪瑙）を献上していることから、少なくとも同程度の宝玉の献上が必要。その他、歴代の中国の朝廷に代々献上していた薬草の鬯草（暢草）等の朝貢品の選定と収集。

新・唐書の日本伝に記載された記録

永徽初（唐の高宗の永徽五年、西暦六五四年、孝徳天皇の白雉五年）、その王の孝徳が即位（西暦六四五年）（皇極天皇四年皇極天皇の譲位を受け弟の軽皇子が即位。史上初めて元号を立てて大化元年とし、大化六年（西暦六五〇年）に白雉と改元。）。白雉四年の第二次遣唐使で、一斗升のような大きさの琥珀（こはく）、五升升のような瑪瑙（めのう）を献上した。

続日本紀には、文武天皇の慶雲元年（西暦七〇四年）秋七月甲申朔（一日）正四位下・粟田朝臣真人が唐から大宰府に帰国。以下の通り報告したとの記録がある。（続日本紀　平凡社・東洋文庫初版による）

初め唐に着いた時、ある人がやってきて「何処からの使者か。」と尋ねられた。真人は「日本国の使者である」と応答し、逆に「ここは何州の管内か。」と問うと、役人は「大周の楚州塩城県である。」と答えた。真人が更に尋ねて「以前は大唐であったのに、いま大周という国号にどうして変わったのか。」と尋ねると、「永淳二年（西暦六八三年）に天皇太帝（唐第三代皇帝・高宗）が崩御し、太后（武則天）が登極（即位）し、称号を聖神皇帝といい、国号を大周に改めた。」と答えた。

問答が終わって、当該役人が「しばしば聞いたことがあるが、海の東に大倭国があり、君子国ともいい、人民は豊かで楽しんでおり、礼儀もよく行われているという。今、真人ら使者をみると、身じまいも大へん浄（きよ）らかである。本当に聞いていた通りである。」と述べた。

続日本紀では、楚州到着時ある人がやってきてやり取りをしたと記録されているが、ある人とは楚州の高官と判断される。

「海の東に大倭国があり、君子国ともいい」という言は、孔子の論語、班固の（前）漢書に次の事が記録されていることを知っている人物の言に他ならない。行きずりや通りがかりの人物、無名の人物ではなく、役人、それも儒教（論語）を学び、（前）漢書に通じた、科挙に及第した唐の高官ではないか。

孔子の論語の記録

子（孔子）、九夷に居らんと欲す。或ひと曰く、陋（ろう）なり。之を如何（いかん）と。子曰く、君子之に居す。何の陋か之有らんと。

孔子が（道義の廃れた国を厭うて）九夷に住みたいと言った。ある人が、九夷は陋（場所が狭い）だが如何でしょうかと言うと、孔子は、君子が居るところなのだから、陋（場所が狭い）と問題にすることはないと曰った。

子曰く、道行なわれず、桴（いかだ）に乗りて海に浮ばん。我に従う者は其れ（子路）由（ゆう）かと。子路之を聞きて喜ぶ。

孔子が、「道義が行われない。いかだに乗って、海外に行ってしまいたいが、〈その時に〉私について来る者は由（子路）だ」と言った。子路がこれを聞いて喜んだ。

班固の（前）漢書に記された倭

然るに東夷の天性は柔順、三方之外に於いて異なり、故・孔子は道義が行われないことを悼（とう）（悲しむ）し、いかだを設けて海に浮かび、九夷に居たいと欲する。これを以ってついてくる夫（者）

有り。樂浪海中に倭人有り、分れて百餘國を為す。歳時ごとに來たりて獻見するという。

さらにこの人物は、唐第三代皇帝・高宗が天皇太帝を号したこと、二〇年前の永淳二年（西暦六八三年）に崩御したことを正確に答えている。

続日本紀では、真人は、到着して初めて唐朝が周朝に代わったことを知ったとされているが、真人の経歴からしてありえない。

真人にとって、第四次遣唐使で発生した使節団内の争い、使節団の処罰、百済滅亡、白村江の戦いでの倭国軍の全滅、則天武后の垂簾聴政は真人が在唐時に実際に見聞した出来事だった。

真人は、文武天皇大宝元年（西暦七〇一年）遣唐執節使に任じられる前に、持統三年（西暦六八九年）に筑紫大宰に任じられ、新羅との外交を所掌していた。

この時期の筑紫大宰には特別の非常に難しい任務が課されていた。

朱鳥元年天武天皇が崩御し、持統天皇が皇后臨朝稱制。さらに持統三年四月皇太子草壁皇子が薨御。

新羅は大和朝廷からの天武天皇の崩御を知らせる詔勅を受ける勅使の奉勅人の位階を落としたことから、日本からの詔勅の使者・勅使は詔勅を持ち帰るという深刻なトラブルが発生している。新羅は弔問使の位階も落とした。真人は新羅からの天武天皇の弔問使の接遇を担当した。

持統三年（西暦六八九年）五月二二日、土師宿禰根麻呂に命じて、新羅の弔使である級飡（新羅の官位十七階の第九）・金道那らに詔して曰く、「先に太政官の卿らが勅をうけて告げたが、二年に田中朝臣法麻呂らを遣わし、大行天皇（天武天皇）の喪を告げさせたとき、新羅が申したのは、『新羅が勅を承る人は、元来、蘇判（新羅の官位十七階の第三）の位のものとしており、今もそのようにしたいと思います』と言った。それで法麻呂らは、知らせる詔を渡せなかった。

もし前例のことを言うなら、昔、難波宮治天下天皇（孝徳天皇）崩御の際、巨勢稲持らを遣わして喪を告げたとき、翳飡・金春秋（新羅の官位十七階の第二の人。後の武烈王）が勅を承った。それを蘇判の者が勅を承るというと、前のことと違っている。

また近江宮治天下天皇（天智天皇）崩御のとき、一吉飡・金薩儒（十七階の第七の人）らを遣わして、弔い祀らせた。今、級飡を弔使としたのは、以前のことに違っている。

また新羅は元から言っていたのは、『我が国は日本の遠い皇祖の代から、何艘もの舟を連ねて、柁を干すことなくお仕えする国です』と言った。しかし、今回は一艘だけで、また古い法と違っている。また、『日本の遠い先祖の時代から、清く明らかな心でお仕えしました』と申したが、忠誠心を尽くして、職務を立派に果たすことを考えようとしない。しかも清く明らかな心を傷つけ、偽りの心で諂へつらっている。それゆえ、このたびの調と献上物は、共に封印をして返還する。

しかし、我が国が遠い先祖の御代から、広くお前たちを慈しまれた徳も絶やしてはならぬ。いよいよ慎み畏んで、その職務に励み、古来の定めを守る者には、朝《みかど》は広く慈しみを賜わるであろう。道那たちはこの勅をよく承って、お前たちの王に伝えるがよい」と言われた。

持統三年（西暦六八九年）六月一日に、衣裳を筑紫大宰等に賜《たまわ》った。二〇日に、筑紫大宰粟田眞人朝臣等に詔《みことのり》して、學問僧明聰、觀智等が新羅の師友に送（贈る）ための綿を各《おのおの》に一四〇斤を賜《たまわ》った。二四日に筑紫小郡（迎賓館）に於《お》いて新羅弔使・金道那等を設（接待）し、各《おのおの》の位階に応じて物を賜った。二九日、中央の諸官司に令（飛鳥浄御原令）一部二二巻を、分け下し賜わった。

孝徳天皇崩御の際、巨勢稲持らを遣わして喪を告げたとき、翳湌《えいさん》・金春秋（新羅の官位十七階の第二の人。後の武烈王）が勅を承った。翳湌・金春秋は、新羅の官位十七階の第二位であるが、後に第二九代・武烈王に即位している。

天智天皇崩御の際、一吉湌・金薩儒（新羅の官位十七階の第七位の人）らを遣わして、弔い祀らせた。天武天皇崩御の際は、新羅が勅を承る人を、蘇判（新羅の官位十七階の第三位の人）に落とし、新羅からの弔使も級湌（新羅の官位十七階の第九位の人）に落としている。

持統天皇としては、夫の天武天皇崩御の勅を承る人、及び新羅からの弔使の位階を落とした事に非常な不快を覚え、新羅からの調と献上物をそのまま突き返している。新羅としては、天武天皇が壬申の乱を起こしたのは反乱であり、正当な大友皇子を殺害したと認識していたのではないか。

この問題に対応し、新羅の弔問史の接遇に功績があったとして賜物を賜っている。この接遇、交渉の間で新羅の弔問使との間で唐朝廷の情報収集していたと思われる。

新羅使節団を通じて西暦六九〇年に則天武后が皇帝に即位し、周朝を開いたこと、儒教国家の唐朝で女帝でありながら皇帝に即位したという並外れた手腕、統治能力、皇帝として絶対的な権威を有していることについては情報として入手していた。

三国史記　新羅本紀

第三一代神文王（第三〇代の国王・文武王の長子　在位西暦六八一年～六九二年）

神文王が即位した。諱は政明〈明之ともいい、字は日怊〉文武大王の長子である。母は慈儀〈義とも書く〉王后である。妃は金氏、蘇判欽突の娘である。神文王が太子の時、金氏を妃に納れた。久しく子が無く、後に父が亂を作《な》したので（連）坐して宮（中）を出た。神文王は文武王五年に太子となり、是に至って（王）位を繼ぐことになった。唐の第三代皇帝である高宗は使（者）を派遣し冊立して新羅王となし、仍《よ》って先王の官爵を襲名させた。

六年～使者を派遣し唐に入り、礼記《らいき》并《なら》（並）びに文章を奏上し請い求めた。則天（武太后）は所司（役人）に（命）令して、吉凶要礼を寫（写）させ、并（並）びに文舘詞林に於て（から）其の詞（文）から渉規誡者を採り、五十巻に勒成（版木に彫りつけ）、之を賜った。

第三二代孝照王（在位西暦六九二年～七〇二年）

孝照王が即位した。諱は理洪〈恭とも書く〉神文王の太子～唐の則天（武則天）が使者を派遣し吊

〈弔〉し祭った。仍〈新〉王を冊〈立〉して新羅王・輔國大將軍・行左豹韜尉大將軍・雞林州都督と爲〈為〉した。

第三三代聖徳王〈在位西暦七〇二年～七三七年〉

聖徳王が即位した。諱は興光、本《もともと》の名は隆基、唐の玄宗と諱が同じなので先天年間に、改名した。〈唐書では金志誠と言う〉神文王の第二子であり、孝照王の同母弟である。孝照王が子無しで薨〈去〉したので、國人が之を立てた。唐の則天〈武則天〉が孝照王の薨〈去〉を聞き、孝照王の爲〈為〉に擧哀〈死者をまつるために哭泣する礼〉し、朝〈政〉を二日輟《やめる》し、使者を派遣し吊慰し、〈新〉王を冊〈立〉して、新羅王と兄の將軍・都督の號を襲〈襲爵〉させた。

武則天が大周国を開き、皇帝に即位したのが西暦六九〇年であるが、即位前後の神文王、孝照王、聖徳王は武則天と交流している。

この間、日本と新羅は盛んに使者を送っている。

粟田真人《まひと》は、文武天皇大宝元年〈西暦七〇一年〉遣唐執節使に任じられる前に、持統三年〈西暦六八九年〉に筑紫大宰に任じられ、新羅との外交を所掌していた。武則天が即位する前年のことではあるが、新羅を通じて武則天の即位が伝わったとみるのが相当ではないか。日本も新羅も女帝が即位した経験を有しており、儒教国家の唐に比べ女帝に対する抵抗感は少ない。

唐の情報も入手せず、その事情を検討もしないで漠然と訪唐したとすればお粗末すぎる。粟田真人ら第八次遣唐使に課された課題からして漫然と訪唐したはずはない。

続日本紀の記載内容には、唐（周）到着時の周の楚州高官の真人らに対する唐（周）側の対応、取扱いに対する不満、不快感、不安感、焦燥感が感じられる。

大宝二年六月二九日唐に向けて出発したので七月中には唐に到着しているが、首都長安入り出来たのは一〇月（旧唐書・本紀・則天皇后の条には長安二年、冬一〇月、日本國遣使貢方物と記されているが、旧唐書・列傳・東夷・日本には、長安三年、其大臣朝臣真人來貢方物と記されており、一年の差異がある。）長安三年であれば、到着後一年足留めされている。

楚州塩城県から長安まではおよそ一〇〇〇キロメートル。楚州塩城県の長官からは、駅伝を通じて遣唐使到着後直ちに（遅くとも一〇日後には）、唐の外交官庁である鴻臚寺を通じて朝廷に報告が上がっている。

外国からの使節団、それも唐と交戦し、四〇年近く国交が絶えていた倭国からの公式使節団の来唐、それも少ないながらも武装した兵士もいる集団の到来を早馬を使った駅伝で直ちに報告しないと職務怠慢で処罰される。

第二次遣唐使の一員として渡唐した経験を有し、一二年間も唐に滞在し、最高の教育を受けた真人にとって、すぐに長安もしくは洛陽に案内されると期待していたにも関わらず、短くて二カ月、長くて一年も楚州に足留めを食らったことに対する不快感から、到着時に対応した周の役人は知識もなく、官位も高くない有人（ある人）と文武朝廷に報告したのではなかったか。

真人らは到着した楚州の客館に案内され、楚州の役所の監視の下に逗留したはずである。真人らが不快感を感じるほど足留されたのは、唐（周）の朝廷で、真人ら日本の使節を受け入れるかどうか議論が紛糾したのではないか。

真人にとって二度目の渡唐であったが、一度目の第二次遣唐使の時に比べると歓待された訳ではなく、唐と戦争し敗戦、国交断絶後の初めての使節団であり、唐から警戒され、決して歓待された訳ではなかった。

覚悟していたとはいえ、真人は不快感、不安感も感じていたのではなかったか。

第八章

入唐時の唐の情勢

唐の前王朝は隋。隋朝を創朝した楊堅（高祖・文帝）は、南北朝時代の北朝・北周の常備軍には八柱国（八人の柱国大将軍）、その下の十二大将軍（十二人の大将軍）があり、楊堅（高祖・文帝）は十二大将軍出身で鮮卑の出であった。

隋の第二代皇帝・煬帝（母親は北周の大司馬・独孤信の七女。）が三度の高句麗遠征に失敗し、国力が衰退。内乱が発生し、西暦六一八年唐の李淵（唐・高祖、隋・煬帝の従兄に当たる。母親は北周の大司馬・独孤信の四女。）が隋から禅譲を受けて唐を建国した。唐も北周の八柱国大将軍出身の鮮卑の出であった。

建国の時点では、中国の各地に隋末に挙兵した群雄が割拠していたが、それを李淵（唐・高祖）の次子・李世民が討ち滅ぼしていった。勲功を立てた李世民は、李淵の武徳九年（西暦六二六年）にクーデターを起こし、李淵の長男で皇太子の李建成と四男の斉王・李元吉を、長安の玄武門周辺で暗殺し実権を握った（玄武門の変）。李淵は同年退位して、李世民が第二代皇帝（唐・太宗）となった。太宗の後宮には、才人（正五品）という側室に武照（後の則天武后、武太后、皇帝・武則天）がいた。

太宗の治世を貞観の治と言い、唐の基礎を確立し名君と言われたが、晩年の貞観一八年（西暦六四四年）、高句麗へ出兵。隋の煬帝同様、失敗し撤兵した。五年後の貞観二三年（西暦六四九年）崩御し、高句麗を滅することはできなかった。

太宗・李世民は、崩御後に諡号として文皇帝が贈られたが、上元元年（西暦六七四年）文武聖皇帝に改められた。この「文武」という諡号は、「文」にも「武」にも優れた皇帝中の皇帝に贈られたものであり、国家に絶大の貢献をした名君中の名君を意味することとなり、新羅の第三〇代国王・文武大王、粟田真人を遣唐執節使として唐に派遣し、周（唐）の武則天に「国号・日本」を認めさせ、国交を回復した第四二代天皇の漢風諡号「文武天皇」にも使用されている。

太宗の第九子・高宗（李治）が太宗の後を継いで唐の第三代皇帝に即位。

二年後、高宗は太宗の側室・才人であった武照を昭儀（正二品）として後宮に迎え入れた。武照は永徽六年（西暦六五五年）皇后に立后された（則天武后）。

高宗は、優柔不断な性格であり、病身文弱、激しい頭痛、視力の低下という宿痾・風眩の持病を持ち、政治の主導権を握ることができず、最初は外戚（母親の長孫皇后の兄）で立太子に当たって恩義があった長孫無忌の傀儡となったが、長孫無忌は顕慶四年（西暦六五九年）則天武后の寵臣、許敬宗や李義府の讒言で流罪となり、配所で自殺した。長孫無忌失脚後は、則天武后が垂簾聴政し、高宗はその操り人形と化した。

第三代高宗は、則天武后の垂簾聴政の下、顕慶五年（西暦六六〇年）百済を滅ぼし龍朔に改元。龍朔三年（西暦六六三年）に百済の白村江で百済復興軍と倭の連合軍を全滅させ、麟徳三年（西暦六六六年）には泰山で封禅の儀を執り行った。

総章元年（西暦六六八年）には、隋朝以来の悲願であり、唐第二代皇帝・太宗も手を焼いた高句麗を滅亡させ、唐の国勢は絶頂期を迎えた。

唐第三代皇帝・高宗（李治）が永淳二年（西暦六八三年）崩御し、弘道元年（西暦六八四年）武太后（則天武后）の三男の中宗（李顕　第四代・第六代皇帝）が即位したが、中宗は韋皇后の外戚・韋后の父である韋玄貞を侍中に登用しようとして失敗し、武太后に五五日で退位させられ、武太后の四男の睿宗（李旦　第五代・第八代皇帝）が即位している。

この時、文明元年（光宅元年　西暦六八四年）唐の創朝期の名将・英国公・李勣（元の姓は徐、元の諱は世勣。唐より国姓の李を授けられ、後に第二代皇帝・太宗（世民）を避諱して李勣と改めた。）の孫の李敬業（唐の国姓の李氏を剥奪され、徐姓に戻された徐敬業）が武太后が朝政を壟断しているとして中宗復位を名目に反乱を起こした。一ヶ月で鎮圧されたが、この反乱を機に武太后（則天武后）は「告密の門」を開いて密告を奨励した。武太后による密告政治の始まり。

儒教の教えでは、書経の牧誓に「牝鶏之晨」「古人有言曰　牝鶏無晨　牝鶏之晨　惟家之索　昔の人の言に曰く、牝鶏《ひんけい》（雌鶏）晨《しん》（時を告げる）する無く、牝鶏の晨するは、惟《これ》家の索《さく》（ばらばらに離れて無くなる）なり。（女が権勢を振るうと国や家が衰える）」とあるように、儒教国家の唐朝では女性である皇太后が皇帝の大権を簒奪し、臨朝称制する（朝廷に臨み政務を執る）ことは認めないとする唐朝の宗室（王族）や官吏が反乱を起こしかねないと考え、唐朝の宗室や官吏が武太后を排除しようとする不穏な動きを起こさないか、その言動を監視する必要性を深く認識し、睿宗の垂拱二年（西暦六八六年）魚保家の進言を採用し、民からさまざまな意見を吸い上げる銅匭《どうき》（目安箱）を宮門に設置して、民に投函させることにした。

銅匭《どうき》には、東西南北に四つの口があり、投函する内容によって分けられていた。東は「延恩」才能を認めてほしい者、昇進を望む者が投函する口、西は「伸冤」冤罪を訴える口、南は「招諫」政治に対する意見を投函する口、北は「通玄」天変地異や災害、国家機密を投函する口があった。

銅匭の設置を進言した魚保家が、李敬業（徐敬業）の反乱に加担していたことを密告する投書が入り、魚保家は逮捕され、処刑された。歴史の皮肉ともいうべきか。

密告者（情報提供者）は五品官待遇として洛陽までの旅費や宿泊費、食費が支給され、身分の低い者でも武后が直接面接して訴えを聞いた。この制度は政敵を根絶するのが目的だったので、密告がたとえ偽りであることが判明しても、訴えた者は不問とされた。要するにでっち上げも歓迎したのであり、訴えが殺到した。

密告者には駅馬や旅館を与えるなどの至れり尽くせりの待遇を与え、密告の内容が武太后の意に適えば官僚に抜擢され、仮に出鱈目な密告でもお咎めなしとされるから、たちまち密告者が引きも切らぬ有様になった。

唐朝だけでなく、中国で初めて一般庶民が自らの声を上げることが出来るようになった瞬間であった。

さらに武太后は反乱など起こさせないようにするため恐怖で支配を強めようとした。酷薄な「酷史」の登用である。武太后により索元礼《さくげんれい》（ペルシア人）、来俊臣《らいしゅんしん》（元・死刑囚）（来索の禍ともいわれた）、周興《しゅうこう》などが見出され、容疑者の取り調べも過酷を極めた。来俊臣に至っては、強盗事件で死刑判決を受けていたが、冤罪を主張し、武太后から直接酷史に抜擢されている。

こうして武太后の徹底した恐怖政治により反対勢力を徹底的に弾圧し、武太后による権力体制が確立された。

唐朝の宗室や官吏の中で、不穏分子（その可能性をある者を含め）を取り除いたところで、武太后は天授元年（西暦六九〇年）九月に遂に睿宗を廃して武氏に改姓させて皇嗣に格下げし、自らが皇帝に即位（武則天）して武氏の周王朝を創始した。

武則天の治世において最も重要な役割を果たしたのが、高宗の時代から則天武后がその実力を見い出し、重用していた稀代の名臣の狄仁傑（久視元年、西暦七〇〇年薨去）である。狄仁傑といえども、長寿元年（西暦六九二年）、酷吏の来俊臣から謀反を企んだと誣告を受け入獄したが、武則天との面談で出獄を許され、彭沢県令への左遷で済んでいる。

萬歳通天二年（西暦六九七年）六月、酷薄な酷史中の酷史である司僕少卿・来俊臣を誅殺し、酷史による禍を収めた。

後に、武則天は狄仁傑を宰相として用い、その的確な諫言を聞き入れ、国内外において発生する難題の処理に当たり、成功を収めた。また、武則天の治世後半期には姚崇・宋璟などの実力を見抜いてこれを要職に抜擢した。後にこの二名は玄宗の時代に開元の治を支える名臣である。武則天の治世の後半は、狄仁傑らの推挙により数多の有能な官吏を登用したこともあり、唐朝宗室の混乱とは裏腹に政権の基盤は盤石なものとなっていった。

ここで、旧・唐書で武則天がどのように記録されているか記述する。

高宗及び則天皇后の条に、次のような記録がある。

則天皇后武氏、諱《いみな》は曌（照）、並州の文水出身。父は（武《ぶ》）士彠《しかく》。隋朝の大業の時代末に（驃騎府・車騎府が統合された）鷹揚府の隊正（五〇人の兵の隊長）と為る。唐の第二代皇帝・太宗の治世である貞《じょう》観《がん》の中、累遷《とき》（進）して工部尚書（建設大臣）荊州の都督（長官）、應國公に封じられた。

初め、則天は年十四歳の時、第二代皇帝・太宗は則天の美しい容止（美しい顔やからだつき、ふるまい）を聞き、召して後宮に入れ、立てて才人（正五品）と為した。太宗崩御し遂に尼と為り、感業寺に居た。

大帝（高宗）は感業寺で則天を見そめ復《ま》た召して後宮に入れ、昭儀（正二品）に拝し（迎え入れ）た。帝（高宗）は、則天の号を進めて宸妃《しんぴ》とした。永徽六年、王皇后を廃して武・宸妃を立てて皇后と為し、高宗は天皇と称し、武后も亦天後（天后）と称した。天后の素（もって生まれたもの、本質的なもの）は智計（知謀）多く、文史を兼（併せて）渉猟《しょうりょう》（たくさんの書物や文書、史書を読みあさる）した。帝（高宗）は顕慶時代自《よ》り已後（以後）、風疾の苦多く、百司（百官）表奏するもの、皆な天後（后）の詳決（決定）に委ねた。此の内輔自《よ》り、国政は数十年にわたり、威勢は帝（高宗）與《と》（と）無異（同じ）であり、當時《まさに》二聖と称す。

旧・唐書・高宗の条より。

永淳二年一二月己酉の日、詔して永淳二年を改め弘道元年と為す。是の日の夕方、帝（高宗）真觀殿で崩じた。七日殯《もがり》し、弘道元年一二月一一日皇太子が柩前で即位した。

旧・唐書・則天皇后の条に戻る。

弘道元年一二月丁巳の日、大帝（高宗）崩御。

皇太子顕が中宗《ちゅうそう》として即位し、天後（后）を尊んで皇太后と為した。既に将《まさ》に（皇帝の大権を）簒奪、是の日自《よ》り臨朝称制（皇太后である武后が政務を執る）した。

嗣聖元年春正月一日に、（元号を弘道から嗣聖に）改元、二月戊午の日に、（中宗を即位後わずか五五日で）皇帝としては廃し廬陵王と為《な》し、別所に幽（閉）し、仍《よ》って改めて哲という名を賜り（顕から哲に改名した）、己未の日に、豫王・輪を立てて皇帝（睿宗）と為す。～（元号を嗣聖から）文明に改元、武皇太后が仍《よ》って臨朝称制した。

九月（元号を文明から）改元し光宅と為す。東都（洛陽）を改めて神都と為す。故・司空・李勣《りせき》（唐建国の功労者。高句麗攻略の大将軍であり則天武后の立后を支持した。）の孫である柳州司馬の徐敬業が揚州司馬を偽称し、長史の陳敬之を殺し、揚州を據（拠）点として兵を起こし、上將を自称し、匡復（国運を正して回復させる）を以て辭を為し（表し）た。左玉鈐衛大將軍・李孝逸に命じて大總管と為し、兵三〇萬を率いて以て之を討たしむ。敬業の父祖の官爵を追削し、其の本姓である徐氏に復さしむ。

垂拱元年春正月、敬業を平（平定）したことを以て～改元、劉仁軌（百済滅亡、白村江の海戦で百済・倭国連合軍を破る功績があり、楽城郡公に封ぜられ、文昌左相同鳳閣鸞台三品として在職中に没した。死後、開府儀同三司・并州大都督を贈られた）が薨じた。

垂拱二年三月、朝堂に初めて匭《き》（小さな箱）を置いた。進書、言事有る者之に投（入れ）聴く、是に由（より）人間の善悪の事多く知悉する所～二年春正月、皇太后は詔を下し、政を皇帝に復（返）すとしたが、皇帝は皇太后の實意（本当の意思）ではないことを以て、乃《そこ》で固讓した。武皇太后が仍《よ》って舊

（旧）に依って臨朝称制した。
四年春二月、乾元殿を毀《こぼ》ち、就ては其の地に明堂を造る。五月、皇太后尊号を加え聖母神皇と曰う。（唐の皇族である）博州刺史・瑯邪王沖、博州を據（拠）点として兵を起こし、之を討つ。沖の父・豫州刺史・越王貞（太宗・李世民の八男）が沖と相応して又豫州で挙兵、之を討つ。（唐の皇族）韓王・元嘉、魯王・霊夔《れいき》（高祖・李淵の十九男）、元嘉の子の黄国公譔《せん》、霊夔の子の左散騎常侍・范陽王藹、霍王・元軌及子の江都王・緒、故・虢王・元鳳の子の東莞公・融坐、貞與《と》通謀。元嘉、靈夔は自殺、元軌は黔州に配流、譔等は誅に伏す～是自《よ》り宗室諸王相継で誅死する者、殆んど將に盡（尽）きた。其の子孫年幼者は咸《みな》（ことごと）く嶺外に配流。其の親党で誅されたもの数百餘家。一二月己酉の日に神皇である武皇太后は洛水を拝し、「天授聖図」を受け、是に日に還宮し、明堂が（完）成した。

永昌元年春正月、神皇である武皇太后は明堂を親《したし》く享《きょう》（供物をすすめる）し、改元。夏四月、蔣王・惲、道王・元慶・徐王・元禮、曹王・明等の諸子孫を誅し、其の家族を巂州に徙《うつ》す。秋七月、紀王・慎（太宗・李世民の十男）が謀反の誣告を被《うけ》て、檻車に載せて以て巴州に流される。

載初元年春正月、神皇である武皇太后は明堂を親《したし》く享《きょう》（供物をすすめる）し、周制に依って（周暦）を建て子《こ》の月を正月と為し、永昌元年一一月を改めて載初元年正月と為し、一二月を臘月（陰暦一二月の異称）と為し、改めて旧・正月を一月と為す。神皇自《みずか》ら「曌」の字を以て名と為し、遂に詔書を改め制書と為した。秋七月、豫章王・亶を殺し、其の父舒王・元名を和州に遷した。～丁亥の日に、隨州刺史・澤王・上金、舒州刺史・許王・素節並びに其の子数十人を殺した。

九月九日壬午の日、唐の命を革《あらため》て、国号を改《あらため》て周と為し、改元して天授と為し、尊号を加えて聖神皇帝と曰い、皇帝（睿宗）を降して皇嗣と為した。

萬歳登封二年夏四月、改元して萬歳通天と為す。二年六月、内史・李昭徳と司僕少卿・來俊臣が罪を以て誅に伏した。（来俊臣の処刑を以て酷薄な酷史による禍が収まる。）

聖歴元年正月、改元。九月、廬陵王・哲を皇太子と為し、令を下し舊名に依《よ》（よ）り顕となす。二年春二月、皇嗣・旦を封じて相王と為す、初めて張易之及び其の弟・昌宗を寵臣と為し控鶴府官員に置く、尋《ひろげ》て改めて奉宸府と為し、御史大夫の下の班（組織）と在《した》。皇太子・顕の男（子）重潤を封じて邵王と為し、狄仁傑を内史と為した。大足元年春正月、制詔して改元した。九月、邵王・重潤が（張）易之を讒構《ざんこう》（讒言を構えて易之を陥れようと企み）を為し、邵王・重潤に令（命）じて自死させた。冬一〇月、改元し長安と為した。

長安二年、冬一〇月、日本国が遣使し方物を貢じた。（粟田真人の第八次遣唐使）、一一月、相王・旦を司徒と為す。

神龍元年春正月、改元。お上（武則天）不豫（体調がすぐれず）、麟臺監・張易之と弟の司僕卿・昌宗が（謀）反を起こし、皇太子・顕が左右羽林軍、桓彦範、敬暉等を率いて、羽林兵を以て禁中に入り之を誅（殺）、甲辰の日に、皇太子・顕が監國となり、総統万機し、是の日にお上（武則天）は皇帝の位を皇太子に伝え、居を上陽宮に徙（移）した。戊申の日に、皇帝（中宗）はお上（武則天）を尊んで号を則天大聖皇帝と曰った。冬一一月壬寅の日に、則天まさに大漸（病気が次第に重くなる）し、祔廟（唐の宗廟）に祀られるよう遺制し、陵に帰り（墓に入り）、令（命）じて帝號（皇帝号）を去り（廃止）、則天大聖皇后と称した。

真人が入唐（周）した、西暦七〇二年は周朝の長安二年、帰国したのは長安四年（西暦七〇四年）、武則天の権力の絶頂期にある。西暦七〇五年（周朝の長安五年）正月二二日皇太子・顕（中宗）によるクーデタが発生し、武則天は権力を失ったが、真人の訪唐時はクーデタの兆候はみじんもなく、権力の基盤に揺るぎはなかった。

ただ、長安二年の前年の大足元年九月、皇太子・顕の長子・李重潤、第七女・永泰郡主仙蕙及びその夫・武延基が武則天の寵臣・愛人である張易之・昌宗兄弟の陰口を叩き、張易之の上奏で武則天を誹謗したとして、父の皇太子・顕から死を賜った。

武則天は、後ろめたさもあったのか、周創朝以来神都としていた洛陽は縁起が悪いとして唐突に逃げ出すように洛陽を捨て、西都長安に行幸し、実質遷都している。さらに、大足元年冬一〇月に長安元年に改元し、長安の含元宮を大明宮に改称している。

このような時に、真人は入唐（周）したのである。

第八章　入唐時の唐の情勢

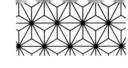

第九章
武則天との対決

唐（周）の朝廷が日本を受け入れるかどうか一にかかって絶対的権力を保持する皇帝・武則天の判断次第であった

皇帝・武則天による、第一回目の召見は外国の賓客の接待を担当する鴻臚寺を通しての謁見であった。

文武天皇からの国書を入れた表函を奉呈。日本は、大唐皇帝宛の国書と大周皇帝宛の国書の二種類の国書を予め用意しており、大周皇帝宛の国書を奉呈した。さらに、大宝律令、日本から持参した朝貢品等を献上し、唐（周）との国交回復を求め奏上した。この時も非常に緊張したが、儀礼的な謁見であり、謁見を拒否されず、唐（周）朝が文武天皇からの国書（正式書簡）を受領したことで、第一回目の謁見の目的は達せられた。

文武天皇からの国書、献上した大宝律令等をおよそ一か月にわたり検証した唐（周）朝廷での第二回目の召見が正念場であった。

皇帝・武則天の前で、周朝高官らから徹底的な指摘、糾弾を受けた。真人の説明に、皇帝・武則天が納得するかにかかっていた。

当時の周朝の高官は、科挙に及第した周朝最高の知識人・儒学者らで、密告と讒言により唐の高官を誅殺した来俊臣・索元礼・周興といった酷吏の禍を生き抜いた、左粛政御史大夫の硬骨漢・魏元忠（魏元忠は永昌元年・西暦六八九年には死刑を宣告され処刑場で処刑寸前に流罪に減刑された経歴を有していた。）、天官侍郎・同鳳閣鸞台平章事・顧琮、地官尚書・韋巨源、鳳閣鸞台平章事・李嶠、鸞台侍郎・同鳳閣鸞台平章事・韋安石、鸞台侍郎・同鳳閣鸞台平章事・李懐遠、鳳閣侍郎・姚元崇、夏官侍郎・同鳳閣鸞台平章事・李迥秀、正諫大夫・同鳳閣鸞台平章事・硃敬則、内史・楊再思、後に天官侍郎・鳳閣侍郎・同鳳閣鸞台平章事に任官した韋嗣立、夏官侍郎・同鳳閣鸞台平章事に任官した宗楚客ら錚々たる宰相たちがいた。

周朝高官らは唐の史書だけでなく中国の歴代朝廷の史書に通じていたので、徹底的に疑義を指摘、糾弾したが、真人は次のように堂々と誠意を以て応答した。

周朝高官らからの指摘された疑義、糾弾内容

一　晋書、南朝・梁書、隋書に記された倭、及び隋書以前に記録された倭と日本の主張が大きく乖離し

ている。

晋（西暦二六五年～四二〇年）書、南朝・梁書（西暦五〇二年～五五七年）、隋（西暦五八一年～六一八年）書も唐の二代皇帝・太宗の時代に、編纂されたので、周朝の高官及び武則天にとっては同時代史。

隋以前の中国の朝廷に残る倭国の記録と真人ら遣唐使の主張する倭国の姿が全く異なっている。
二　西暦六六三年の白村江の戦いの総括。なぜ、百済復興を支援し、唐と開戦したのか。
三　西暦六五九年の遣唐使節団内の争いの総括。

真人の応答

まず、真人は、日本の国号と日本国王が「日本国王・王明樂美御徳《すめらみこと》」と号していることを説明した。佳字にこだわる武則天は「王明樂美御徳」の称号を非常に評価した。

（武則天の孫である玄宗皇帝に重用されて宰相・中書令に任じられた張九齢（阿倍仲麻呂との関わりも深い。）の「唐丞相曲江張先生文集　第十二」に、天平五年（西暦七三三年）の第十次遣唐使大使・多治比広成、副使・中臣名代で「日本国王は王明樂美御徳《すめらみこと》」と号していると記録されている。真人も「日本国王・王明樂美御徳《すめらみこと》」の国書を持参していたのではないか。）

次いで、自らが編纂に関わった大宝律令を示し、先進国である唐に学んで日本の律令を制定したこと。

そして、事前に検討した通り、日本書紀の記録に準拠して（日本書紀の完成は元正天皇養老四年（西暦七二〇年）であるが、真人は編纂の経緯、概要は知悉していた。）、次のように言上した。

一　**西暦六六三年、唐との開戦（白村江の戦い）について**

日本は、もともと筑紫城にいたが神武・王明樂美御徳《すめらみこと》（以下、「帝」と表記。）の時代に東遷し、今上帝は第四二代に当たる。

東遷の際に筑紫城に一族を筑紫の君として残した。

新・唐書「倭、日本伝」に記録された通りに、日本国の生い立ちを説明した。

新・唐書「倭、日本伝」の記録

日本は古の倭奴である。京師（唐の都）から一万四千里、新羅の東南にあたり、海中の島に在って居る。東西は五カ月の行程、南北は三カ月の行程。

国に城郭がなく、連ねた逆木で柵落と為し、草で屋根を茨《ふ》く。左右に小島が五十余り、皆、自ら国と名付けて、これに臣下が付随している。本率を一人置き、諸部を検察させている。

そこの俗は女が多く男が少なく、文字があり、浮屠の法（仏教の教え）を尊ぶ。その官には十有二等がある。

王姓は阿毎氏、自ら言うには、初めの主は天御中主《あめのみなかぬし》と号し、彦瀲《ひこなぎさ》に至り、およそ三二世、皆が「尊《みこと》」

を号として、筑紫城に居住する。

彦瀲《ひこなぎさ》の子の神武が立ち、改めて「天皇」を号とし、大和州に移って統治する。

白村江の戦いは、神武東遷の際に筑紫城に筑紫の君として残した後裔である筑紫君《つくしのきみ》・薩野馬《さちやま》（薩夜麻）が倭国王を自称し、旧百済勢力からの要請に応じて軍を出したこと。

日本国は白村江の戦いに軍を送っておらず、参戦していない。西暦六六三年の唐との白村江の戦いの時は、その二年前（西暦六六一年）に斉明帝が崩御し、天智帝は母・斉明帝の服喪中であり白村江の戦いに日本は軍を送っていない。

およそ二〇〇年ほど前、今上帝（文武帝）のおよそ十代前の継体帝の二二年（西暦五二八年）にも、筑紫の君であった磐井は、新羅から貨賂《わいろ》を得て日本に対し反乱したことがあった。

当時の日本国王・継体帝は、大伴大連金村・物部大連麁鹿火・許勢大臣男人らに命じて磐井を討伐した。その子葛子は父である磐井に連坐して誅殺されることを恐れ、継体帝に糟屋《かすや》の屯倉《みやけ》を献じて、死罪を贖《あがな》うことを求めたことがあり、葛子のみを許して筑紫君に任じた。

継体天皇　百済本記の異説

二五年（西暦五三一年）春二月、継体天皇は病気が重くなりました。七日に天皇は磐余玉穂宮《いわれのたまほのみや》で崩御しました。年齢は八二歳です。冬一二月五日。藍野陵《あいののみささぎ》に葬りました。ある本に云く、「天皇は即位二八年に崩御した」と。しかしここに二五年に崩御したというのは百済本記を取って文《ふみ》を作ったからです。その文《ふみ》に云く、「太歳辛亥の歳三月に軍が進んで安羅《あら》に至り、乞乇城《こつとくのさし》を作りました。この月に高麗で、王の安《あん》（安臧王）を弑《しい》（臣下が主君である安臧王を殺す）しました。また聞くところによると、日本の天皇及び、太子、皇子もともに崩御薨去したといいます。これによって言えば、辛亥の年は二五年にあたります。後に勘校《かんこう》（照らし合わせて間違いを訂正）する者は之を知るなり。

現存する百済本記には、「日本の天皇及び、太子、皇子もともに崩御し薨去した。」との記述はない。日本書紀にも継体天皇と皇太子、皇子がともに崩御し薨去した記録はないが、百済本記を採用して文《ふみ》を作ったからです。その文《ふみ》に云く、「太歳辛亥の歳三月に軍が進んで安羅《あら》に至り、乞乇城《こつとくのさし》を作りました。この月に高麗の王の安《あん》（安臧王）を殺しました。また聞くところによると、日本の天皇及び、太子、皇子もともに崩御薨去した記録はない。百済本記を採用したので、辛亥の年である継体天皇二五年に崩御したと記録した。

（継体天皇二二年～二三年ころ筑紫の君磐井が太子、王子ともに死んで、葛子のみが許されて筑紫の君を継いでいる。筑紫の君が倭国王であれば、倭国（日本）の天皇及太子皇子倶に崩御し薨去したという事が百済に伝わった可能性はある。）

これは、継体二一年（西暦五二七年）の筑紫君・磐井の反乱ではなく、倭国王・磐井に対する継体天皇側のクーデタではなかったか。磐井の行方は不明になっているが、王、太子、王子すべて崩薨した事態はこれ以外考えられない。

白村江の戦いも、葛子の後裔である筑紫君・薩野馬《さちやま》（薩夜麻）が倭国王を自称し、天智帝の命に従わず、百済からの要請に応じて勝手に軍を出した。

白村江の戦いで、筑紫君・薩野馬《さちやま》（薩夜麻）は唐の捕虜になったが、日本は勝手に軍を出し、唐と交戦した筑紫君一族を滅し、その地を直轄地とし以後筑紫の君を置いていない。

真人自身も、持統三年（西暦六八九年）に、筑紫大宰に任官し新羅との外交に当たった。武則天の周朝創朝の前年のことである。従って、武則天の周朝創朝、即位の件は日本の朝廷も聞き及んでいた。従って、日本国王・王明樂美御徳《すめらみこと》の公式文書も大周国宛になっている。

一　西暦六五九年の使節団内の争いについて

斉明帝五年（西暦六五九年）第四次遣唐使で、和種の韓智興（日本書紀には派遣の記録はないが、帰国の記録はある。）の従者による讒言で使者どうしのトラブルが発生し、韓智興は三千里の外に流罪、その他の使節団も厳重に幽閉・抑留された。

この事情をどう釈明するか。倭国（日本）からの使者を死刑に匹敵するほどの流罪（それも都である洛陽から三千里（唐里で約一千五百キロメートルも離れた遠隔地）に処するとは尋常ではない。唐朝にとって許しがたい背信行為と処断した讒言とは、第四次遣唐使と和種の韓智興がそれぞれ倭（日本）を代表する使節であると争ったと思われる。

当時の唐朝廷は、どちらが正しい使節団か取り調べるため、両者を幽閉し、流罪とし、その後唐による百済討伐が行われ、日本の使節団も翌年まで抑留された。

真人は、唐（周）朝廷に、次のように言上した。

斉明帝五年（西暦六五九年）の第四次遣唐使では、韓智興等を派遣した記録はない。日本の正式の使節団を誹謗中傷した韓智興等は、斉明帝が派遣した使節ではない。第四次遣唐使に大宰府から筑紫の君の要請で同行した者があったのではないか。この同行者が唐に到着して突然自分たちが倭国の使節と主張した。

日本書紀の記録

斉明帝の五年（西暦六五九年）秋七月三日に、小錦下・坂合部石布連、大山下・津守吉祥連等が二船で、唐に奉使《つかわ》された。次いで、道奥の蝦夷男女二人を唐の天子（高宗）に奉示しました。

伊吉連博徳の書に曰く、八月一一日筑紫大津之浦自《よ》り發し、九月一三日百濟の南畔の嶋に行き到る。嶋の名は分明では毋《な》い、以て一四日寅時（朝三時～五時）に二船相従《よ》りて大海に放《はな》れ出た。一五日の日の入の時、石布連（坂合部連石布）の船、逆風を横に遭《うけ》て南海の嶋に漂い到る。嶋の名は爾加委《にかい》（奄美の喜界島）。仍《よ》りて嶋人の爲に滅する所となる。東漢長直阿利麻・坂合部連稲積等五人は、嶋人の船を盗乗に便《よ》りて、括州に逃げ到る。州縣の官人は、洛陽の京に送り到る。一六日夜半の時に、吉祥連（津守連吉祥）の船は、越州・會稽縣・須岸山に行き到る。東北の風、風太く急なり、二二日に餘姚縣に行き到る。乗る所の大船及び諸《もろもろ》の調度の物、彼の處《ところ》に留着。潤一〇月一日越州の底に行き到る。一五日に驛（駅に備えてあった馬）に乗りて京（長安）に入った。二九日馳（馬を走ら）せ東京（洛陽）に到る。天子（高宗）は東京（洛陽）に在し、潤一〇月卅（三〇）日に、天子が使節に会ってお問いたずねられた。

天子（高宗）と使節の間では以下の問答がございました。

潤一〇月三〇日に天子（高宗）が使節にお問いたずねられた。日本国王は平安ですか。

使人は謹んで答えた。天地徳を合わせて、自《おのず》から平安を得たり。

天子問うておっしゃられた。事を執れる卿等、好《さき》く在《はべ》りしか不（否）か。

使人は謹んで答えた。斉明帝の憐《いとおしむ》は重く亦《またさき》好く在《はべ》ることを得る。

天子はおっしゃられた。國内は平《たいらか》なりや不（否）か。

使人は謹んで答えた。治《まつりごと》は天地に稱《かな》（ぴったり合う）いて萬民に事（重大な出来事）無し。

次いで、道奥の蝦夷男女二人を奉示し、蝦夷が白鹿皮一、弓三、箭八〇を天子に獻じたところ次のようなお言葉を賜りました。

天子はおっしゃられた。此等の蝦夷國は何れの方に有りか。

使人は謹んで答えた。國は東北に有り。

天子はおっしゃられた。蝦夷幾種有るか。

使人は謹んで答えた。（種）類は三種有り。遠きの者は都加留《つがる》と名ずけ、次の者は麁蝦夷《あらえみし》、近き者は熟《にき》蝦夷《えみし》と名ずけています。今此れは熟蝦夷《にきえみし》で、毎歳（日）本國の朝（廷）に入貢しています。

天子はおっしゃられた。其の國に五穀は有るか。

使人は謹んで答えた。之（五穀は）無し。肉を食いて存活（生き延びる）しています。

天子はおっしゃられた。國に屋舎有るか。

使人は謹んで答えた。之れ無し。深山の中の樹の本《もと》に止《とど》まり住《す》んでいます。

天子重ねておっしゃられた。朕、蝦夷の身面の異なるを見て、極理《きわめ》て喜び怪《あや》しむ。日本からの使人は遠くから來たりて辛苦したであろう。退《まか》りて館裏に在《はべ》れ、後に更《ま》た相見ん。

一一月一日、朝《みかど》に冬至の會が有る。會の日に亦《ま》たまみゆ。朝《もう》ける所の諸蕃の中で倭の客が最とも勝れている。


しかしながらその後に出火の乱があって再観できませんでした。

伊吉連博徳の書に曰くの続き
一二月三日　韓智興の傔人（従者）西漢大麻呂が、我（日本）の客を枉《まげ》て讒（正しくないことを言う事実をまげて悪く言う）、客等は唐朝の罪を獲（得）て已決（既決　裁判による判決がすでに確定し）流罪。前（先に）智興が三千里の外に流された。客中の伊吉連博徳の奏が有り、因《よ》って即《すぐ》に免罪された。事が了（終）わった後に、勅旨があり、國家（唐）は來（来）年必ず海東の政（征百済戦）有り、汝等倭の客を東に歸すことが出来ない。遂に西京（長安）で別處に幽置して匿《かくす》し、戸を閉め防禁（拘禁）し、東西（あちこち動き回ること）を許されず、困苦すること經年（数年）に及んだ。

難波吉士男人の書に曰く　大唐に向う大使、嶋に觸（触れて）覆す。副使が天子に親しく覲（会）って蝦夷を奉示。是に於いて、蝦夷を以て白鹿皮一・弓三・箭八〇を天子に獻じた。

さらに、日本の使者は斉明帝の六年（西暦六六〇年）、八月、百濟已《すで》に平（定）の後、九月一二日使節団は帰国を許されました。一九日西京（長安）自《よ》り（出）發し、一〇月一六日東京（洛陽）に還り到りました。

一一月一日には（唐の）將軍蘇定方等に、捉《とらえ》られた百濟王以下・太子隆等・諸王子一三人・大佐平沙宅千福・國辨成以下三七人幷《あわせ》て五〇人許《ほど》が（唐の）朝堂で引見されましたが、天子（高宗）は、見前（現前）で恩勅し、放着（許）されたとの記録が残っております。

（日本の使節は）一九日天子（高宗）から勞《ねぎらい》を賜い、二四日に東京（洛陽）自《よ》り（出）發し、帰国の途に就きました。

真人は、これらの記録、在唐時の経験を基に、武則天、唐（周）朝廷に説明し、日本は、白村江の戦いで敗北した倭国を自称する筑紫君一族を滅した。

倭国が東遷し、日本となったが、筑紫城に残した一族の筑紫の君は、そのことを良いことに倭国を自称した。天智帝二年（西暦六六三年）筑紫君を滅した以上倭国を自称する勢力は日本にはない。天智帝の次帝であり皇太弟であった天武帝の時に、国号を倭からそれまでも使用していた日本に変更し、新羅には使者を送り伝えていたが、今回の使節団で初めて大周国にお伝えするものである。日本こそ日本列島の唯一の正統政権であり、国号が日本であること。

唐の史書にどのように記録されているか詳らかに存じ上げませんが、唐の記録をご確認くださいと真人は堂々と誠意を以て説明した。

一応、通訳を帯同していたが、これらの説明を真人は直接自ら唐語で行ったと思われるし、その能力もあった。

真人は、緊張感の極致にあったが、緊張感を見事に押し隠し、よどむことなく対応した。

唐（周）の朝廷は、次のような記録が残っていることを確認した。

孝徳が死に、その子の天豊財（斉明）が立った。天豊財が死に、子の天智が立った。

明くる年、日本からの使者が蝦蛦人與《と》偕が参内した。蝦蛦は亦《ま》た日本の海島に居《い》る。其の使者の鬚《ひげ》の長さは四尺許《ばか》り、箭（矢）を首に珥《はさ》み、人に令（命）じて、瓠《ひょうたん》を戴《いだか》せて立たせ、數十歩の距離から射て無不中（あ）たらないものは無かった。

顯慶五年（西暦六六〇年）一一月一日に、百済を滅した将軍である邢國公・蘇定方が百濟王扶餘義慈、太子隆等五八人の俘を高宗に獻じ、高宗が則天門の楼上で、百濟王扶餘義慈、太子隆等の俘虜を閲し唐に敵対した罪を責めた後宥（許）した。

さらに、魏志倭人伝に以下の条があることを確認した。

女王國の東、海を渡ること千里餘り、復《ま》た、國があり、皆な倭種である。（これが大和王朝）

皇帝・武則天は、「后性明敏、涉猟文史」と言われ非常に資質鋭敏で人材登用に優れ、人材を見抜く能力が飛びぬけて高かったと言われている。とって付けたような上っ面の説明だと即見抜かれてしまう。

真人と唐の高官の激しいやり取り、応答の虚実を受け、唐朝内の記録を確認した後、皇帝・武則天は真人の挙措を絶賛し、「日本国王・王明樂美御徳《すめらみこと》」の国書を嘉納し、真人の言上を受け入れることにした。

さらに、唐と交戦した筑紫を中心とする倭国ではなく、大和王朝を日本列島を代表する正当な政権と認定した。

第十章

国号・日本の確定と国交回復

この時こそ、日本という国号が確定し、日本と唐の国交が修復した時代の転換点であった。日本という国号、大和朝廷を日本の正統な政権であるということを正式に承認したのは武則天であり、粟田真人を格別に評価したのであった。

唐書には、真人のことを「粟田真人は、唐の宰相・尚書省の長官の尚書のようであり、進徳冠を冠り、頂に華蘤（花）四本を挿し、紫の袍に帛（絹布）の帯。真人はよく学び、文を屬（書）き、その容止は温雅で偉容があった。」と記録しているが、武則天がそのように評価したので唐書にそのように記録されたのである。

藤氏家伝に記録された定恵の「既通内経　亦解外典　文章則可観　藁隷則可法～誦詩一韻　其辞曰帝郷千里隔　辺城四望秋　此句警絶　当時才人不得続末心」と見事に重なる。

その後、皇帝・武則天は、真人ら遣唐使を大明宮・麟徳殿で労をねぎらい宴席を設け、真人に司膳卿を授けた。皇帝・武則天による労いの宴は複数回行われたのではないか。使節団には大使・坂合部宿禰大分、大位・許勢朝臣祖父、中位・鴨朝臣吉備麻呂、小位・掃守宿禰阿賀流、大録・錦部連麻呂、白猪史阿麻留、少録・山於億良（山上億良）、大通事（通訳）・大津造（垂水君）廣人らがいたが、武則天や唐側の高官に対応したのはもっぱら真人であったと思われる。

その席で、流暢な唐語を使いこなし、立ち居振る舞いも温雅で偉容がある真人に驚き、どうしてそこまで流暢に唐語を操り、立ち居振る舞いが唐の尚書のようなのか真人に問うたのではないか。

真人は一一歳から二三歳まで学問僧として渡唐し、長安の懐徳坊にある慧日道場で玄奘の弟子の神泰法師に師事して学問をさせて頂いたことに謝意を表した。

武則天は第二代皇帝・太宗が崩御した西暦六四九年に朱雀大路西四街の安業坊の感業尼寺で二二歳の時に仏門に入り、一五歳年下の真人は西暦六五三年の第二次遣唐使の時は一一歳の学問僧・道灌として入唐した。両者ともに大体同時期に仏門に入り、仏教を学んでいる。

真人は、仏門に入り、初めて剃髪したとき、頭がスースーして涼しかった経験や一週間程度たってチクチクし始めたころに定期的に剃刀を当てられ傷だらけになった経験や修業時代の日常生活をユーモアを交え懐かしがって話したが、武則天も同様の経験をしていたので懐かしく感じたのではないか。

武則天は太宗の後宮に入宮する前から、書を学び、後宮での太宗の侍女時代は唐朝の政治を眼前で学んでいる。武則天の書は特に著名で昇仙太子碑拓本は日本にも残っている。武則天は麟徳元年の垂簾聴政開始以来、特に優秀な若手の文学の士（周思茂、範履冰、衛敬業）を登用し、自ら監修して「玄覽」及び「古今內範」各百巻、「青宮紀要」及び「少陽政範」各三十巻、「維城典訓」、「鳳樓新誡」、「孝子列女傳」各二十巻、「內軌要略」、「樂書要錄」各十巻、「百僚新誡」、「兆人本業」各五巻、「臣範」兩巻、「垂拱格」四巻、並びに文集一百二十巻、などを制作した。則天文字という新たな文字も創字した。

真人は、長安城西四坊六条の懐徳坊慧日寺で玄奘の弟子の神泰法師に師事して内経（仏教の書籍。仏典。内典。）、外典（仏教以外の典籍。主として儒学の教典。）、藁隷《かうれい》（藁（草書体）・隷（隷書体・楷書体）の書法を学んだ。

武則天も、外典（仏教以外の典籍。主として儒学の教典。）、藁隷《かうれい》の書法に優れ、王羲之の書にも通じていたが、感業尼寺で仏典も学んでいる。

さらに、儒教の書経に「牝鶏之晨、惟家之索」（牝鶏の晨《あした》するは惟《こ》れ家の索《さく》（ばらばらに離れて無くなる）なり）。」と記載されていることから、女性である武則天が仏教を使い、釈迦が浄光天女に「汝は人界下生し、女王となり、天下はこぞって汝を尊崇する」と宣したとする大雲経にあるように、儒教国家の唐朝では女性である皇太后が皇帝の大権を簒奪し、臨朝称制（朝廷に臨み政務を執る）することは認めないとする唐朝の宗室（王族）や官吏に対し、武則天は、「浄光天女である弥勒菩薩が下生したものである。」として、仏教を利用して自らの朝政を正当化した。武則天は、儒教も知悉し仏教にも通じていた。

武則天と真人は、ともに文学に造詣深く、文章流麗、理路整然としており、非常に相性が良かったと思われる。

真人は在唐中、武則天が皇后に冊后されたとき、粛義門で大礼服姿で楼上から朝衙を賜われたときに文武百官、諸外国の使臣が熱狂的に「万歳」を繰り返し、興奮した様を一三歳ではあったが聞き及んでいたこと、顕慶五年（西暦六六〇年）一一月一日に、百済を滅した将軍である邢國公・蘇定方が百濟王扶餘義慈、太子隆等五八人の俘を高宗に献じ、高宗が則天門の楼上で、百濟王扶餘義慈、太子隆等の俘虜を閲し唐に敵対した罪を責めた後宥（許）されたときには一八歳であり、倭国の使臣とともに則天門の楼下から拝見した経験を話したのではないか。

長安城の内城の官庁街である皇城には鴻臚寺《こうろじ》に入唐時と出国時の二度入ったことはあったが、修行の合間には、長安城の外城にある寺院、名所、旧跡、東西の市場等を見物したときの経験を話した。

さらに日本には、儒教は伝わっており、王族や役人も儒教を学んでいるが、女性の国王が何人もいたし、女性の国王に抵抗感がない事を話し武則天の興味を引いた。

日本国王・王明樂美御徳《すめらみこと》は神の子孫として日本の国王に即位するが、高天原を統べる主宰神で、皇祖神・天照大御神《あまてらすおおみかみ》という女神の子孫であること、天照大御神は、太陽神であり、巫女の性格をもっていることを説明した。また、第一四代・仲哀帝の皇后であった神功皇后が、仲哀帝崩御後応神帝即位までの間摂政として政務に当たったこと、真人自身も生まれる三世代前には推古女帝、生まれた時、第二次遣唐使として来唐したときも皇極帝（斉明帝）という女帝がいた事、自身が天武帝の皇后で、天武帝崩御後臨朝稱制後即位した持統帝に仕えたことを話した。

武則天は史書にも通じていたので、魏書等に倭国には卑弥呼、壹与という女性の国王がいたこと「鬼神道に事（仕）う、能く妖惑を以て衆（衆）を惑わした。」との記録があることを知っていた。日本での王の神秘性による統治も理解できた。

儒教至上主義の王族、高級官僚の抵抗に手を焼いた武則天は日本の国王の承継、為政のやり方、施政の具体的制度について細かく聞いたのではないか。

さらに、武則天は永徽六年（西暦六五五年）数え年の二八歳で皇后に立后し、垂簾朝政を執っていたので、西暦六五九年の第四次遣唐使内でのトラブル、西暦六六〇年の百済の滅亡、西暦六六三年の白村江の戦いを実体験として知悉していた。西暦六六五年の日本からの使節団の帰国の情報も得ていた。

武則天は真人との会話で、西暦六五一年に高宗に二四歳で感業尼寺から昭儀として後宮に迎え入れられ、永徽六年（西暦六五五年）皇后に立后された（則天武后）頃の話を懐かしみ、真人との会話も弾み、武則天も喜び、大いに満足したのではないか。

真人の主張する倭国の歴史に疑義を抱きながらも、白村江の戦いで全滅した倭国ではなく、大和朝廷を日本列島を代表する正当な政権と認定した。

武則天は有能な人材は自らの手元に留め置く可能性があったが、唐（周）に留め置かず、真人の帰国を許した。武則天からは、日本の朝廷に白銅製の海獣葡萄鏡等が下賜されている。下賜された海獣葡萄鏡が何面あったか定かではないが、正倉院の直径二九・五センチの大型鏡と高松塚古墳出土の直径一六・八センチの中型鏡はこの時下賜され日本に持ち帰ったものと思われる。これらの下賜品を持ち帰ったすべてを真人は文武帝に献上した。大型鏡は聖武天皇に伝わり正倉院に収蔵された。中型鏡は、文武帝から大宝律令編纂の責任者である刑部親王（忍壁親王）に下賜されたが、銅約七〇％、錫約二五％、鉛約五％の鋳造合金であり、柔らかく、手入れも柔らかい布で鏡面を拭うだけで鏡面研磨ができ、表面の画像の映り具合が良いので、刑部親王も愛用し、日常使いしたものと思われる。時代的にも高松塚古墳の被葬者は刑部親王（忍壁親王）と判断される。

第十一章

帰国後の粟田真人

文武天皇慶雲元年（西暦七〇四年）冬一〇月九日遣唐使の粟田朝臣真人らが天皇に帰朝の挨拶をした。周朝・武則天から下賜された品々を朝廷に献上するとともに、周朝高官らからの指摘された疑義、糾弾の内容を報告した。

周朝高官らからの指摘された疑義、糾弾の内容

一　晋書、南朝・梁書、隋書に記された倭、及び隋書以前に記録された倭と日本の主張が大きく乖離している。

一　隋以前の中国の朝廷に残る倭国の記録と真人ら遣唐使の主張する倭国の姿が全く異なっている。

一　西暦六六三年の白村江の戦いの総括。なぜ、百済復興を支援し、唐と開戦したのか。

一　西暦六五九年の遣唐使節団内の争いの総括。

これらの疑義、糾弾に対し前述の説明をし、周（唐）朝の倭国に対する認識が大和朝廷の認識と大きく異なっていることに対してどのように対処したかを報告し、周朝の倭国に対する認識を大和朝廷の認識と一致させる必要性を説明した。

さらに、晋書、南朝・梁書、隋書は唐の太宗時代に、唐朝廷の高官により撰されたので唐の見解を変更させることはできないので、現在編纂している日本書紀等と矛盾しないようにする必要性も併せて訴えた。

（これが第九次遣唐使以降の最大の課題になり、阿倍仲麻呂、藤原清河らによる大和朝廷の歴史観に一致させる地道な活動となっていった。）

さらに、真人自身は第二次遣唐使の一員として一二年間在唐していたので、唐の都城制（条坊制、里坊制）、律令制等は知悉していたが、百済・高句麗征討後の唐及び周の隆盛振りには目を見張った。真人と同行した者らにとっては聞きしに勝る殷賑ぶりに驚き、武則天の支援を受けて、周朝の制度、文化を学び、様々な文物を入手し、長安の都城、風俗を見学した。

唐の隆盛振りに大きな衝撃を受けて藤原京に帰国した真人らは、見聞した唐朝の隆盛、長安城の都城制や律令制、その他の制度、風俗を報告し、日本に導入する必要に駆られ、慶雲三年（西暦七〇六年）

より始まった律令制等の改革（慶雲の改革）を主導し、平城京遷都に取り入れた。和銅元年（西暦七〇八年）には、唐に倣った初の流通貨幣である和同開珎が発行されるとともに、長安に倣った本格的都城となる平城京への遷都の詔が発せられ、二年後の和銅三年（西暦七一〇年）に遷都が行われている。

なお、粟田朝臣真人を遣唐使として唐（周）に送った第四二代天皇には漢風諡号として文武が贈られている。文武天皇は、在位:文武天皇元年（西暦六九七年）八月一日～慶雲四年（西暦七〇七年）六月一五日に二五歳の若さで崩御している。

文武という諡号を贈られた者に唐第二代皇帝・太宗の李世民がいる。李世民は唐の高祖李淵の次男で、李淵と共に唐を創朝。優れた統治能力を発揮し、広い人材登用で官制を整え、諸制度を整備して唐朝の基盤を確立し、貞観の治と呼ばれる太平の世を築いた。太宗の言行録である貞観政要（政治の要諦）は、帝王学の教科書とされてきた。在位期間は武徳九年（西暦六二六年）八月九日～貞観二三年（西暦六四九年）五月二六日に五二歳で崩御。諡号として文皇帝が贈られたが、上元元年（西暦六七四年）第三代皇帝・高宗により文武聖皇帝に改められ、さらに天宝八年（西暦七四九年）玄宗により文武大聖皇帝に変更、そして天宝一三年（西暦七五四年）に玄宗により文武大聖大広孝皇帝と改められている。文武という諡号は国家に絶大の貢献をした名君中の名君を意味することとなった。

新羅にも文武という諡号を贈られた者に第三〇代国王・文武大王がいる。王太子時代に百済を滅ぼし、在位中に白村江で百済復興軍、高句麗を滅ぼし、三国を統一。さらに唐の勢力を朝鮮半島から駆逐して、半島の統一を果たした。在位二一年の西暦六八一年に薨去し、文武王と諡《おくりな》された。新羅史上名君中の名君と称えられている。

粟田真人を遣唐執節使として唐に派遣した第四二代天皇の漢風諡号《かんぷうしごう》「文武天皇」にも使用されている。文武天皇に、名君中の名君を意味する「文武」の諡号が贈られたのは、大宝元年（西暦七〇六年）に大宝律令を完成させ、翌年公布したこと、周（唐）の武則天に「国号・日本」と日本列島の正統な代表が大和朝廷であることを認めさせ、国交を回復したことが評価され、文武の諡号が贈られたのではないか。

真人は、和銅元年（西暦七〇八年）大宰帥に任ぜられ、和銅八年（西暦七一五年）正三位に至り、開元の初（開元五年、西暦七一七年）再度訪唐（新・唐書には記録があるが、続日本紀、旧・唐書には記録はない。）し、元正朝の養老三年（西暦七一九年）薨去した。

なお、第九次遣唐使の派遣が養老元年（西暦七一七年）に行われたが、西暦七一七年は開元五年なので開元の初とは開元五年の事であると判断される。

第九次遣唐使は、節刀を授けられた押使・多治比縣守、大使・大伴山守、副使・藤原馬養（藤原宇合、右大臣・藤原不比等の三男、藤原式家の祖。）であったが、留学生として阿倍仲麻呂・吉備真備・玄昉・井真成が使節団にいた。阿倍仲麻呂（中国名「朝衡《ちょうこう》、晁衡《ちょうこう》」）が、唐で科挙に及第し唐朝において諸官を歴任して高官に登ったため、旧・唐書では偏使、新・唐書では副使と記録されたと思われる。

真人が第九次遣唐使に同行した可能性はある。

旧・唐書の記録

玄宗皇帝の開元初に、又使者を遣わし、來朝（来唐）した。そして儒士（儒者）と経を授ける学者をお願いした。四門の助教である趙玄默に詔して、外交部署である鴻臚寺でこれを教えさせた。（趙）玄默に闊幅布を遺り、以て束修（贈り物）とし禮とした。云を題して、白龜元年の調布といった。人亦其の偽を疑い、得る所の錫賚（贈物）で、盡く《ことごと》（すべて）文籍を市（買）い、海に泛《うか》んで還った。

其の偏使（副使）である、朝臣の仲滿（阿倍仲麻呂）は、中國の風を慕って、因《よ》って留まって去らなかった。姓名を改めて朝衡と爲した。左補闕、儀王の友の職を仕曆（歴任）し京師（長安）に衡留すること五十年、書籍を好み、歸鄉を放《はな》ち（あきらめ）、逗留して去らなかった。

天寶十二年（西暦七五三年）、又使者を遣わし（大使・藤原清河、副使・吉備真備、大伴古麻呂）貢した。（粛宗の）上元中、（朝）衡を抜擢して左散騎常侍、鎮南都護と爲した。

天寶十二年の第一二次遣唐大使の藤原清河は、藤原北家の藤原房前の四男で唐名・河清《かせい》、阿倍仲麻呂の死後も自らの意思で唐朝に仕え秘書監にまで至り、大和朝廷から何度も帰国を促されたが唐に残った。残った理由に、唐朝の史書に大和朝廷の歴史観に一致させる地道な活動を使命としたのではないか。

新・唐書の記録

玄宗皇帝の開元初に、粟田が再び来朝。

諸儒に従った經典を拝受したいと請うた。詔を以て四門の助教「趙玄默」を鴻臚寺での師と為した。大きな幅広の布を献じ、謝恩の礼として献じ、賞・物・貿・書を悉《ことごと》く持って帰る。

その副の朝臣仲満は中華を慕い、帰らず、姓名を変えて朝衡という、左補闕、儀王友を歴任して多くの知識を備え、久しくし日本に還った。

唐朝では、著名な真人が再び来朝したので記録に残し、新・唐書にその旨記載したのではないか。

粟田真人は、元正天皇養老三年（西暦七一九年）二月甲子（五日）に数え年の七七歳で薨じたので、第九次遣唐使の派遣が養老元年（西暦七一七年）数え年の七五歳の時、帰国は養老二年（西暦七一八年）なので数え年の七六歳。正式の使節団には入っていないが、高齢で帰国できずに唐で客死するのを覚悟した真人のたっての入唐希望に、元正朝も、これまでの功績と唐語に達者な真人の同行を許したのではないか。

安田権寧（やすだ・けんねい）
昭和54年東京大学法学部卒業（在学中は応援部・主将）
社団法人日本善行会理事（善行調査委員。平成17年退任）
学校・家庭インターネットコミュニケーション共同実験協議会事務局長代行（文部省指導の下、文部省OB、教育関係団体、IT企業で設立。CSK会長大川功氏が協議会会長。文部省、CSK、日立製作所等IT関係企業、日教組、日本PTA全国協議会等参加）
株式会社ビックカメラ取締役・執行役員・法務部長等を歴任。

粟田真人

2024年4月23日　　第1刷発行

著　者――― 安田権寧
発　行――― 日本橋出版
〒103-0023　東京都中央区日本橋本町2-3-15
https://nihonbashi-pub.co.jp/
電話／03-6273-2638
発　売――― 星雲社（共同出版社・流通責任出版社）
〒112-0005　東京都文京区水道1-3-30
電話／03-3868-3275
印　刷――― モリモト印刷

ISBN 978-4-434-33186-2